教育部人文社科青年项目
"功能升级视角下寻找金融发展促进 R&D 投资的可能性边界：基于产品空间的研究"（16YJC790105）

辽宁省社科规划项目
"辽宁省促进金融发展有效服务实体经济问题研究"（L17BJL008）

辽宁省经济社会发展研究课题
"辽宁省金融发展有效促进企业家精神问题研究"（2019lslktqn-001）

大连理工大学人才引进项目
"功能演化视角下寻找金融发展促进实体经济 R&D 投资的影响机理及可能性边界"（DUT18RC(4)020）

金融发展边界
与企业创新投资

JINRONG FAZHAN BIANJIE
YU QIYE CHUANGXIN TOUZI

王昱 ◎ 著

中国财经出版传媒集团

经济科学出版社

Economic Science Press

图书在版编目（CIP）数据

金融发展边界与企业创新投资/王昱著．—北京：
经济科学出版社，2018.9
ISBN 978 - 7 - 5141 - 9657 - 3

Ⅰ．①金…　Ⅱ．①王…　Ⅲ．①企业－投资－研究
Ⅳ．①F275.1

中国版本图书馆 CIP 数据核字（2018）第 191753 号

责任编辑：周国强
责任校对：卜建辰
责任印制：邱　天

金融发展边界与企业创新投资

王　昱　著

经济科学出版社出版、发行　新华书店经销
社址：北京市海淀区阜成路甲 28 号　邮编：100142
总编部电话：010 - 88191217　发行部电话：010 - 88191522
网址：www. esp. com. cn
电子邮件：esp@ esp. com. cn
天猫网店：经济科学出版社旗舰店
网址：http：//jjkxcbs. tmall. com
固安华明印业有限公司印装
710 × 1000　16 开　9.75 印张　160000 字
2018 年 9 月第 1 版　2018 年 9 月第 1 次印刷
ISBN 978 - 7 - 5141 - 9657 - 3　定价：48.00 元
（图书出现印装问题，本社负责调换。电话：010 - 88191510）
（版权所有　侵权必究　打击盗版　举报热线：010 - 88191661
QQ：2242791300　营销中心电话：010 - 88191537
电子邮箱：dbts@ esp. com. cn）

前　　言

　　强化市场机制在资源配置中的决定作用、促进金融资本支持实体经济发展是促进中国产业结构升级、经济持续增长和避免进入"中等收入陷阱"的关键。但不同内涵的金融发展对经济增长的作用是存在门槛的，这一门槛的核心是金融发展对微观主体——企业的创新投资行为影响存在边界效应。因此，抓住这一核心问题对确保中国经济可持续增长、突破"中等收入陷阱"极为重要。

　　首先，构建数理模型分析了金融发展对企业创新决策和创新投资影响的边界作用机理。借鉴菲利普（Philippe，2010）不同类型投资与经济波动关系模型，引入金融市场不完全条件下的融资约束对企业创新决策的影响，发现金融发展超过有效边界导致企业家用短期投资来替代创新投资，表现为企业减少创新投资决策。只有金融发展在一定界限内才会促使企业做出更多的创新投资决策。借鉴阿基翁（Aghion，1998）包含资本积累影响的内生经济增长模型，引入金融发展程度对企业创新投资水平的影响，发现金融发展超过有效边界，金融部门不能将资本以较低成本配置到创新企业中，降低了企业的创新投资水平。当金融发展随着金融规模扩张和金融效率提升逐步改善时才能提高企业的创新投资水平。其金融发展有效边界的提出弥补了目前金融发展理论对微观主体——企业研发投资行为深层机理挖掘的不足。

　　其次，基于金融功能升级的动态过程，创新性地构建区域金融发展收敛分析框架，并用金融规模、结构、效率指标和动态空间收敛模型探究了我国区域金融发展收敛的层次性和边界特征并揭示了金融发展内涵和金融功能提升的动态过程。发现东部地区呈现出金融规模较高、金融效率提升且逐渐与实体经济匹配的收敛特征，表现出区域金融发展收敛的高层次性和高边界特征；西部地区依靠国家政策扶持，仅金融规模呈现收敛特征，逐渐进入调结构、促效率的金融发展阶段，表现出金融发展收敛的中等层次特征；中部地区金融规模、金融结构没有呈现收敛特征，同时与经济结构匹配程度薄弱，金融效率发散，表现出区域金融发展收敛的低层次性和低边界特征。这一研究拓展了目前金融发展理论将金融发展框架限定在金融规模和结构的局限，而忽略了反映金融功能内涵的金融效率是金融发展质量最根本的决定因素，使区域金融发展的分析框架立意更高，并矫正了目前中国金融发展限于规模盲目扩张认识的误区。

最后，运用三阶段 DEA–Malmquist 模型，HECKIT 模型和门限模型实证探究了金融发展对企业创新决策和投资两阶段影响的边界。金融规模不足或过度扩张均会导致金融发展不能促进企业两阶段创新投资，只有金融规模在合理边界内才能产生显著促进影响。金融规模对不同所有权、行业或地区企业影响的门槛值不同，且金融规模促进企业创新投资更多来源于扩展边际而非集约边际；金融效率处于较低水平时不能对企业创新投资阶段产生显著影响，只有超过一定边界值则对不同企业创新投资阶段产生差异化影响。金融业技术进步和纯技术效率对国企和高技术企业影响更大，规模效率对私企或中低技术企业创新投资影响更大。我国当前金融效率较低，适度金融规模边界是推动私企或中低技术企业创新投资的主要动力，运用门限模型实证发现金融规模和金融效率分别存在双门槛值和单门槛值。随着区域金融规模持续扩张，部分发达地区在规模达到边界值后对企业创新投资的促进作用逐渐减弱，寻求金融功能层面的改善成为迫切需要。这一研究为金融发展的有效边界论提供了理论上的支撑，为强调金融服务实体经济、促进创新与技术进步的核心功能，避免规模盲目扩张提供了政策依据。

目 录
CONTENTS

| 1 |

绪　　论

1.1　问题的提出和研究意义

1.1.1　研究背景

强化市场机制在资源配置中的决定作用，促进金融资本投向实体经济、支持企业创新和技术进步是目前中国产业结构升级、经济持续增长和避免进入"中等收入陷阱"的关键和核心。2008 年中国的 M2 达到 47 万亿元，2015 年 5 月末超过 130 万亿元，全世界新增 M2 中国占一半，中国的金融规模似乎发展了；2014 ~ 2015 年中国上证指数由不到 2000 点迅速攀升到 5000 点以上，新上市公司不断增加，中国的金融市场似乎也发展了。但金融发展的同时，结构性融资难、普遍性融资贵现象依旧存在。中国企业创新和技术进步严重不足，产能严重过剩、大批企业倒闭，经济增长乏力。寻找金融发展促进经济增长的内在稳定机制，核心是金融功能提升必须促进企业的创新投资，且存在边界效应。

怎样在既定社会资源下，注重金融功能升级、把握不同层次金融发展影响经济增长的边界，提升金融部门支持和帮助企业家进行创新活动的功能，是金融可持续发展并促进经济增长的突破口。然而，金融部门的双重特征：一方面，作为现代经济配置资源的核心，其高效运转可以改善实体经济的投融资效率，促进经济更好地发展；另一方面，金融规模的快速扩张、金融交易中投机成分过多会加大市场波动，偏离金融体系服务实体经济的初衷，甚至带来泡沫或系统性风险。从微观层面看，2014 年在世界 500 强中，中国上榜企业数量 100 家相当于美国上榜 128 家企业的 78.12%，营业收入总额 6.1万亿美元相对于美国上榜企业营业收入总额的 8.56 万亿美元的 71.26%，但企业的平均利润率 5.1% 只相当于美国上榜企业 9.33% 的 54.66%。考虑到中国银行与保险 16 家企业平均利润率 18.61% 差不多是美国上榜银行保险企业利润率的 2 倍（美国上榜企业平均利润率为 9.64%），剔除这一因素后大多数中国上榜企业的利润率只在 2%～3% 的范围，不到美国上榜企业平均利润率的 1/3。如果把一个国家的产业价值链向上延伸到控制和决定产业投资走向的金融部门，在全世界资金配置中具有绝对优势、较之于制造业更有比较优势的美国银行保险企业在美国国内也只能得到所有企业的平均利润率。而在全世界资金配置效率上具有明显劣势、较之于中国制造业更具比较劣势的中国银行与保险企业却能够在本国国内获得超过制造业 5 倍以上的利润率。从宏观层面看，我国金融资产规模也存在非常明显的规模扩张，金融资产规模与结构严重偏离实体经济运行，与其他国家也形成较大的反差。2011 年末中国人民银行总资产约合 4.5 万亿美元，高于同期美联储、欧洲央行的 3 万亿美元和 3.5 万亿美元的规模。2011 年中国新增 M2 的规模全球占比达 52%，M2/GDP 达到了 189%，尽管这里存在着不同金融主体结构的影响（银行主导和资本市场主导）的因素，但 M2/GDP 值还是远高于同一时期美国（70% 左右）、俄罗斯（45%）、巴西（38%）、印度（18%）的水平（逄金玉，2012）[1]。这反映了中国的金融发展还在粗放式扩张阶段，反映金融发展质量的金融功能没有得到相应的提升。结果显示：第一，中国金融机构新增贷款短期化问题愈发严重，但资金周转速度却越来越慢。中长期与短期贷款余额的同比增速自 2010 年年中开始出现了此消彼长的反向走势，增速持续下降，反映出当前企业中长期投资意愿不强，实体经济结构性流动短缺严重。截至 2013 年 3月末，中国 M2 余额达 103.61 万亿元，但是存款准备金、居民储蓄存款以及外汇占款在 M2 中的份额分别达到 21 万亿元、28 万亿元、21 万亿元，大部分属于冻结性货币，剩余的 30 多万亿元占 GDP 的 65% 左右，却大部分压在房地产里面，保守估计可达到 20 万亿元。结果导致实体经济缺钱、经济增长严重受阻以及金融体系大量货币空转、严重通胀。与此同时，资金周转速度缓慢下降。以货币流通速度为例，从 2008 年的 0.71 下降到 2009 年的 0.61，在 2012 年又进一步下降到 0.57（陈道富，2013）[2]；第二，影子银行导致的金融体系脱媒现象严重，社会融资量能带动的 GDP 大幅度下降。由于新增人民币贷款已不能大量进入实体经济，而通过银信合作与房地产信托使得银行资金间接流入股市和房地产市场，助推资产泡沫的大量形成，实体经济逐步向金融化或虚拟化转变，投资效率大幅度下降。2005～2008 年，1 元社会融资量能带动 4 元 GDP，到了 2012 年，1 元社会融资量只能带动 3.3 元GDP。而 2013 年 1～6 月份，1 元社会融资量只能带动 2.44 元 GDP。金融发展如何通过甄别企业研发投资风险、促进规避企业研发投资风险的金融机构和产品创新，促使企业进行创新决策并进行创新投入，最终提升金融优化配置资本的核心功能，对目前中国产业结构升级、经济持续稳定增长和避免进入"中等收入陷阱"具有重要理论指导作用，对促进金融发展回归支持实体经济创新具有重要现实意义。因此，立足实体经济发展的根本推动力——技术创新，确立不同金融发展层次的内涵及对企业创新投资过程影响的边界效应十分重要，且现有文献对此缺乏关注。

1.1.2　现状及问题的提出

1.1.2.1　金融发展与企业创新投资现状

当前中国依然具有典型的银行主导型金融体系，2007～2011 年银行信贷占社会融资规模总量比例分别为 78.69%、83.11%、81.14%、75.19% 和62.67%。无论从居民资产选择还是从全社会资源动员角度，股票市场和外资在资金配置中都处于微不足道的地位。在 2005～2007 年，银行信贷总额占GDP 的比重分别达到 163.3%、168.8%、170.9%，股市市值总额占 GDP 的比重分别达到 17.54%、41.33%、123.1%，外资流入总额占 GDP 的比重分别达到 2.83%、2.47%、2.24%。从金融发展的增长情况来看，银行信贷相对规模在 2005～2006 年以及 2006～2007 年的增长率分别为 3.36%、1.24%，股市相对规模的同期增长率分别为 135.7%、197.8%，外资相对规模的同期

增长率分别为 -12.54%、-9.34%，虽然外资流入速度有所下降，但我国银行信贷以及股市的持续增长使得金融发展整体上的平均增长率达到52.7%，因此总体增长速度较为显著。

在2005~2007年分别包含的工业企业全部样本量为256902家、285590家及333319家，其中进行创新决策的企业样本量分别为25099家、28989家及35252家，分别占样本总量的9.77%、10.15%及10.58%，这表明，虽然从事创新活动企业的数量占全部企业的比重较稳定，但却较低。另外，关于从事创新企业数量占全部企业的动态变化比重来看，2005~2006年以及2006~2007年的增长率分别为1.51%和2.19%，平均增长只有1.85%，这表明进行创新决策的企业在总样本中增加的数量相对较少、企业从事创新决策的意愿较低，这也与我国金融结构的高速发展形成了鲜明对比，表明金融发展的功能性缺失不能有效促进和影响企业的创新决策，外生于企业创新决策过程。成力为和戴小勇（2012）指出企业的创新决策增长具有结构性矛盾，即每年在有新进入创新领域企业的前提下，还有大量企业退出创新领域，说明进行创新决策的企业并非稳定，对企业创新投入的持续性和创新质量提出了疑问和挑战[3]。

进一步，在2005~2007年企业创新投入占全部样本企业固定资产总值的百分比分别为1.08%、1.22%及1.38%，创新投入占创新企业固定资产总值的百分比分别为2.42%、2.68%及3.12%，在2005~2006年以及2006~2007年，用这两种创新强度的测量方法表示的创新增长分别为13.8%、12.5%以及10.7%、16.4%，平均增长均超过13%。这表明创新企业的创新投入增长显著区别于进行创新决策企业的增长情况，金融发展对创新企业的创新投入具有促进影响。虽然金融发展与企业创新投入存在正向关系，却出现创新资本配置低效问题，即资本错配。中国的资本错配最典型表现为金融所有制歧视问题。在2005~2007年期间，国有企业的平均创新投入接近私营企业的9倍，但国有企业生产率（3.52%）却明显低于私营企业（3.94%），因此资本配置低效问题比较突出。陈实和章文娟（2013）认为造成中国创新强度偏低的原因是非国有企业创新投入不足，帮助和促进其提升自身创新能力，才能从根本改变中国总体创新规模偏低的状况[4]。而金融功能提升（风险甄别或资本配置）可以有效促进企业创新决策动机以及创新投入水平，引导金融资源合理流动、减轻资本错配程度，最终提高我国整体创新投资规模。

对于中国创新投资与发达国家的比较而言，由于我国目前处于工业化第二阶段后期，需要在相同阶段里与其他国家进行比较才具有意义（如表1.1所示）。首先，通过投资规模1比较可知，中国的整体创新投入水平较低，明显低于同阶段其他典型发达国家。但由于中国的国防研发体系独立于国家科技创新体系之外，因此需要对各国创新投入数据进行进一步处理。《日本科技白皮书——走向国际化的日本科学技术》指出，在1965～1985年，美国和英国的国防研发大约占总研发的30%，法国为20%，联邦德国为6%，日本接近1%。在此基础上我们换算出各国除去国防研发后的投资规模2。其中各国除去国防的创新投资规模平均值为1.6～1.76，而中国创新投入显示出逐渐上升势头并于近几年内趋近各国的平均水平，表明中国当前创新投入规模虽然偏低，但符合这个阶段的创新发展动态特征。其次，通过创新投入的结构性组成探讨我国创新投入存在的问题。这个阶段创新投入特征是世界各国一般都经历政府主导型或者政府企业双主导型研发阶段，当前数据显示中国的创新投入有超过60%来自企业，但是我国国有经济比重较大，纳入企业统计的国有企业创新投入实际应该算作政府投入。按照这一思路，陈实和章文娟（2013）将国有企业创新投入重新归入政府研发投入，发现造成中国创新强度偏低的主要原因是企业创新投入不足。帮助和促进企业提升自身的创新能力，才能从根本改变中国总体创新规模偏低的状况，进而才有助于中国获得持续发展动力、顺利跨越"中等收入陷阱"。

表 1.1　　　　　　　　　　　中国创新投资的国际比较

指标		美国	日本	德国	英国	法国	中国
		19世纪50～60年代中期	19世纪70～80年代初期	19世纪70年代初～1983年	19世纪60～80年代初期	19世纪70～80年代初期	2000～2010年
占GDP比率（%）	规模1	1.4～3.0	1.59～1.91	2.06～2.52	2.11～2.22	1.84～1.92	0.9～1.77
	规模2	0.98～2.1	1.57～1.89	1.94～2.37	1.48～1.55	1.47～1.54	0.9～1.77
资金来源	政府（%）	65	27.4～25	45.4～39.4	33.4～25.9	60～54	34.5～24
	企业（%）	35	72.5～74.9	54.6～60.6	66.6～74.1	40～46	60～71.7

注：投资规模1和规模2分别表示各国创新投入和除去国防研发后的创新投入水平占GDP百分比。
资料来源：2011年《日本科技白皮书——走向国际化的日本科学技术》。

1.1.2.2 问题的提出

通过上述对中国金融发展和企业创新投资现状的特征事实可以发现，我国以数量层面为计量的金融发展取得了较快的增长速度，但企业融资贵和融资难问题仍然存在以及企业创新投资水平增长依旧非常缓慢，再次引发人们对现有金融发展模式（只注重数量的扩张）与企业创新投资关系的思考。这是否与我国多年来只注重金融量性扩张而忽略金融质层面的提升密切相关？进而理清我国金融规模扩张和金融功能提升的边界效应，对寻找金融发展回归实体经济发展以及促进企业创新投资的影响路径和机理、进而提高经济体创新投资规模和稳定经济长期增长具有重要性和必要性。因为中国政府或国企的创新融资来源或有效渠道与私企存在较大差异，前者在很大程度上受到财政补贴支持或银行体系的隐性支持，创新资金来源比较稳定，而后者主要依靠其自身力量在金融中介或金融市场进行抵押创新融资。

本书在梳理现有文献和金融发展理论脉络的基础上，首先，提出了金融发展的动态演化体系；其次，构建了金融发展对企业创新投资影响边界的数理模型，从理论上提出了金融发展边界的存在性；再其次，通过构建金融功能升级决定的金融发展收敛框架分析了中国区域金融发展收敛的层次性和对应的边界特征；最后，通过实证检验证明了金融规模和金融功能对企业创新投资过程的影响边界的存在。因此，本书从理论体系的提出、数理模型的构建以及实证模型的检验三个层面来讲，前后呼应、逐级深入，构成了完整的研究逻辑。通过寻找金融发展的合理边界可以有效促进企业的创新决策动机以及创新投入水平，引导金融资源合理流向实体经济体，减轻资本错配程度和泡沫化程度，提高我国整体创新投资水平，最终实现经济的长期稳定增长。

1.1.3 研究意义

如何把有限的资金投入到企业的创新和技术进步上，现有金融发展理论没有给出微观层面的明确回答。戈德史密斯（Goldsmith, 1969）最早用金融工具、金融机构等规模变量相对于 GDP 的比表示金融发展水平，试图从金融相对规模与经济增长的关系中揭示金融发展的作用[5]。但这一理论，一是过于强调金融规模扩张在金融发展中的作用，而忽略了金融发展质的特征；二是忽视了金融结构的复杂性与多层次性，很难用某种标准的金融结构指标衡量一国（或地区）的金融发展水平。这一理论也助长了发达国家金融机构与金融市场资产的迅速量性扩张和发展中国家金融市场的迅猛自由化，为后来的南北债务危机、20 世纪 90 年代的金融危机及发展中国家的信贷规模聚焦增加埋下了祸根。20 世纪 90 年代后巴塞尔协议强调以资本为中心评价风险度与安全性就是对量性金融发展观的反思与纠正。

本书从我国区域金融发展和企业创新投资的现实情况出发，以我国区域金融发展的数量和质量层面作为切入点，结合工业企业创新投资过程，探究金融发展对企业创新投资影响的边界效应和影响机理，为有效解释金融发展回归实体经济创新投资这一重要问题提供理论依据和解决途径。本书的研究意义在于：

（1）梳理金融发展理论的内涵和发展脉络，并在此基础上揭示了金融功能提升视角下的金融发展动态演化过程，强化了对金融发展理论的认识。通过对金融规模—金融结构—金融功能与经济发展和产业结构关系的逐级递增的匹配和支持要求，认清了金融发展的多层次性，并不能使用单一的指标体系或片面强调某个层级上的金融过度发展，这样很有可能导致金融规模过度扩张脱离实体部门引起的泡沫化或金融危机，抑或导致金融发展在量性不足的基础上过分强调其促进实体经济创新与增长的功能要求等，这些为深刻理解金融发展偏离实体经济发展的原因提供了重要的理论基础和客观依据。

（2）将金融发展理论核心思想融入判定区域金融发展收敛的层级特征研究中并构建金融功能升级决定的区域金融发展收敛分析框架，为深入细致揭示中国区域金融发展的层级结构特征提供现实依据和评判准则，也为寻找金融发展对企业创新投资影响的边界效应提供理论支持和客观铺垫。中国区域经济发展的不平衡首先表现为区域金融发展的不平衡性，各区域在金融规模—金融结构—金融功能层面存在较大差异性，一方面，这为本书探究区域金融发展过程中存在的层级特征和对企业创新投资影响边界的存在性提供了现实可能；另一方面，为制定区域金融发展的差别化政策提供逻辑依据。

（3）通过构建金融发展对企业两阶段创新投资影响边界效应的理论模型

以及相应的实证检验，深入研究了金融发展对企业创新投资的影响机理并对本书的理论思想从实际情况中提供了验证。由于区域金融发展具有层级特征，这就要求金融发展在促进企业创新投资的过程中需要内生体现出金融规模和金融功能的不同层面重要性和边界需求，并体现出金融发展发挥作用逐级递增的功能要求（动员储蓄—资本配置—风险控制）。在这种情况下，金融发展才能够有效作用于实体企业的创新投资过程，否则难以发挥出持续稳定地为企业创新投资和长期经济增长服务的功能，这具有重要现实意义。

1.2 相关概念的界定

关于本书主要涉及的一些基本概念和术语，现做如下定义和解释，有助于下文理论和实证检验过程中的理解和阐述。

1.2.1 金融发展

戈德史密斯（Goldsmith, 1969）指出，"一国现存的金融工具和金融机构之和构成了一国的金融结构，如何找出决定一国的金融结构、金融工具存量及金融交易流量的主要影响经济因素并阐释这些因素如何通过彼此作用，进而形成了金融发展。"金融发展理论在强调金融发展对经济增长的影响时，其关注点经过"金融规模观—金融结构观—金融功能观"的演变过程。金融结构的变化是以其核心功能提升和衍生功能完善而导致的配置主体结构和配置结果结构变迁体现的，金融结构变化是金融功能变化的外在表现。贝克（Beck, 2001），莱文（Levine, 2002）针对"金融结构无用而金融深度有用"观点指出，无论一个国家的金融结构是以银行为本还是以市场为本其经济都不会更快增长[6~7]，但整体金融发展程度却能够解释不同国家在经济表现上的差异。影响经济发展的核心是金融发展，而银行和股票市场的相对组合对经济发展的影响并不明显。因此，本书将从金融规模和金融功能（效率）两个层面来反映金融发展过程中的数量和质量特征，并就这两个层面来探究金融发展对企业创新投资的边界影响。

1.2.2　金融发展对企业创新投资影响的"边界"

巴拉哈斯（Barajas，2012）引入了"金融可能性边界"的概念，将其视为金融发展受约束的最优水平，认为深度不足、过度扩展的金融体系都可能会严重缩小可用的政策空间、并阻碍传导渠道[8]。随后，通过对世界不同发达和发展中国家的实证研究发现，没有达到最低边界的金融发展不足，或者超过最高边界的金融发展过度都不能显著促进经济增长甚至会负向影响经济增长。由于创新投资是影响经济长期增长的重要因素和传导渠道，那么金融发展对宏观经济增长的非线性影响可能是由于金融发展对微观企业创新投资的非线性影响来实现的。因此，本书将"金融可能性边界"的概念引申到微观企业创新投资领域中，探究金融发展对企业创新投资的非线性影响，即金融发展对企业创新投资的促进作用是否存在有效的门槛（边界）特征，在不同的门槛区间范围会产生何种影响特征。

1.2.3　企业两阶段创新投资

创新投资是指企业为了增进已有知识，并使用这些知识去发明新的用途所进行的系统式创造性投入，它处于创新过程的第一阶段。但在任何行业中，并非所有企业都会从事创新活动。由于市场结构不同或预期收益的存在，企业会综合外界因素选择是否进行创新投资，由于创新产出的不确定性及沉没成本的存在，只有少数企业会选择从事创新活动（Subash，2011）[9]。因此，本书将企业的创新投资看作两个阶段：决定是否进行创新（阶段1，创新决策阶段），投入多少资源用于创新（阶段2，创新投入阶段），且只对创新投资企业进行回归分析会出现样本选择偏误问题。同时，分别对应考虑金融发展对企业创新投资的影响更多体现为"扩展边际"还是"集约边际"。其中，扩展边际是指选择进行创新投资的企业数目的增加，集约边际是指企业创新投资数额的增长。这两种影响效应更多应用于金融发展对企业出口层面的研究，如马淑琴和王江杭（2014）[10]。随后将其扩展到金融发展对 OFDI 层面的影响研究，如李坤望和刘健（2012）[11]，以及外商投资（FDI）对企业创新投资阶段的影响研究领域，如杨和陈（Yang & Chen，2012）等[12]。

1.3 国内外相关研究进展及述评

1.3.1 金融规模与创新投资相关研究

金融规模发展对创新投资的影响机理主要是通过金融规模可以缓解微观企业或宏观经济体的创新融资约束，进而促进其创新投资水平。戈德史密斯（Goldsmith，1969）指出金融发展不仅体现在金融资产与机构的增多，也表现为金融结构的优化，并提出了金融相关比率（FIR）的概念，即全部金融资产与全部实物资产（即国民财富价值）之比来衡量金融发展程度，但这个指标更多地关注金融总量和金融规模的扩张，金融激励创新与技术进步的作用没有得到重视。解维敏和方红星（2011）指出，首先，创新投资在很多情况下可能超越内部筹资金额，进而对于规模小且资本积累小的企业来说影响程度较大[13]。其次，创新投资需要周期较长且稳定的资金来源，而商业周期引起的企业盈利水平的周期波动使得内部自有资金充当创新融资而变得不稳定，因此外部融资成为影响创新融资的重要考虑因素。但在存在融资约束的条件下，企业创新通常对其内部现金流的依赖性和敏感性较高，在这种情况下只有通过建立内部现金支出平滑机制来稳定企业创新行为，以便缓冲金融冲击对创新的影响。当外部金融规模发展程度较高时，便可以有效降低现金流与创新投资的敏感性，进而增加创新投资水平。与此同时，金融规模发展缓解企业创新融资约束的程度还与企业自身资产特性密切相关。

关于金融规模发展—融资约束进而现金流—企业创新投资敏感性关系的研究包括，法扎里等（Fazzari et al，1988）将投资对现金流的敏感性作为资本市场上存在融资约束的证据，发现企业的投资与内部现金存在着显著的正相关关系[14]。拉詹等（Rajan et al，1998）认为尽管股权融资会产生发行成本或柠檬溢价，但创新融资忽略了权益融资过程以及企业发行股票融资的客观现象会导致创新——现金流的下偏估计[15]。吉姆（Kim，1998）通过实证

模型发现，企业最优现金持有量取决于流动资产持有成本和为今后投资机遇
的外部融资成本之间的权衡[16]。阿尔梅达等（Almeida et al，2004）认为持
有现金的好处就是有能力为未来的投资项目融资，如果未来的增长机遇要比
当前更为重要，现金持有量会更多[17]。韩和邱（Han & Qiu，2007）指出，
企业未来的现金流不能得到充分保证，当收益具有凸性时，现金流具有较大
的波动性，那么现金储备也会越大[18]。阿查里亚（Acharya，2007）对比了
企业的现金持有政策和借贷政策，指出具有高保值要求的企业趋向于建立现
金储备而非债务借贷来应对现金不足[19]。吉姆和李（Kim & Lee，2008）通
过 38 个国家的实证研究表明，企业在进行首次公开募股或次级权益募股后 4
年内，累积研发支出是固定资产支出的 4 倍[20]。亚历山德拉等（Alessandra
et al，2011）通过 1993 ~ 2003 年英国企业数据，实证研究了面临不同内外部
融资约束的企业的投资现金流敏感度，根据企业的内部资金可获得性区分来
说，企业的投资与现金流敏感度呈现 U 形关系；而企业的投资现金流敏感度
随外部融资约束程度单调递增[21]。贝茨等（Bates et al，2009）发现美国工业
企业的现金持有数量与其研发支出紧密相关[22]。布朗等（Brown et al，2009）
指出美国在 20 世纪 90 年代末期和 2000 年初的研发投资变化与股权融资的变
化密切相关。此时，企业不用考虑持有现金或设法抑制融资的波动性，其研
发投资也变得相对平滑[23]。在此基础上，布朗（Brown，2011）加入了企业
现金储备这一影响因素，发现美国年轻企业在 1998 ~ 2002 年使用现金储备来
平稳研发支出过程，合理解释了相对于资金来源的巨大波动，研发支出具有
更平稳的性质[24]。霍尔和勒纳（Hall & Lerner，2010）认为，实证分析中如
果没有控制研发平稳性影响，则会导致研发和金融变量之间的下偏估计，流
动性存储会部分抵消内外部融资冲击[25]。鞠晓生等（2013）发现高的调整成
本和不稳定的融资来源制约着企业的创新活动，企业受到的融资约束越严重，
内部资金积累和营运资本管理对创新的平滑作用越突出[26]。苏巴什等（Sub-
ash et al，2015）使用动态研发模型实证发现，企业的创新支出与内部现金流
显著正相关，且小企业和年轻企业的现金流敏感度更高[27]。当上述一系列研
究发现，企业创新投资与其内部现金流引起的融资约束程度具有较强制约关
系后，研究金融规模发展对降低企业内部融资约束进而促进企业创新投资影
响意义重大。安吉利尼和切托雷利（Angelini & Cetorelli，2003）指出，银行

发展使得信贷规模扩张，费用降低，进而出现较低的利率水平和充足的资金供给水平[28]。小川一夫（Kazuo Ogawa，2007）通过日本制造业研发密集型企业数据实证发现，未清偿债务对企业创新投资产生了显著的负向影响且研发投资与企业层面的全要素生产率增长密切相关[29]。阿基翁等（Aghion et al，2005）通过企业层面的实证研究表明，研究投资具有顺周期特点，在企业面临融资约束的情况下，研究投资随着企业的销售额增加而增加[30]。哥伦巴格（Colombage，2009）指出金融中介发展可以通过节约监控成本来提高公司治理水平，进而降低信息不对称水平和交易成本，最终使得资本积累提高创新投资水平[31]。西恩和金姆（Shin & Kim，2011）研究发现，金融发展存在低效的情况下，中小企业难以获取外部融资，只能通过持有现金来平滑创新投资[32]。郝颖等（2010）使用中国上市企业数据实证发现，金融市场化程度提高了企业研发投资水平，但对于不同所有权企业的促进作用存在较大差异[33]。解维敏（2011）通过我国上市公司研发数据为样本，实证研究了区域金融发展对企业研发投资的影响，发现银行市场化改革、地区金融发展均可以积极地促进我国企业的研发投入，但政府干预与金融发展对企业研发投资存在着替代影响。乔杜里（Chowdhury，2012）通过使用发达和发展中国家层面数据实证发现，金融市场发展有助于总体研发投资的有效性[34]。康（Kang，2012）、詹森和詹妮（Jason & Jenny，2012）、米格尔和沃特（Miguel & Wolter，2012）指出，现金补偿可以降低研发支出相对于金融约束的敏感度，而追求高收益的企业奖励政策会降低研发支出并增加研发支出相对于金融约束的敏感度[35~37]。孙晓华（2015）以中国2006~2010年大中型工业企业面板数据为样本探讨金融发展缓解融资约束进而激励研发投资的理论机制，发现金融深化提高可以有效降低研发投资对内部资金的依赖，强化银行信贷和实收资本的影响[38]。

近年来随着国际金融市场和跨国公司的发展，国外权益资本的流入也成了企业创新融资的可行选择。在本国金融体系对外开放的情况下，外资流入相当于扩大了本国金融规模，进而可以有效缓解本国金融约束，在很大程度上促进创新投资水平。凯勒和耶普尔（Keller & Yeaple，2010）认为FDI是一种直接的技术转移源泉，其可以通过间接的学习溢出效应来促进地区的创新活动[39]。阿尔比恩等（A Lbion et al，2010）以融资约束与投资组成关系为基础,将企业的投资行为区分为生产性和研发性投资,进而研究其如何影响宏观经济波动以及经济增长率。他认为当市场具有完备性时,研发投资具有反周期性,反之具有顺周期性。通过这种周期性的影响,金融低效将导致较高经济波动和较低经济增长[40]。马斯库斯等(Maskus et al, 2012)从国内和国际金融市场发展视角研究了金融因素对产业研发投入的影响,FDI 作为国际金融市场发展的代表因素对研发投入产生显著影响[41]。罗长远和陈琳(2011)指出,FDI 通过行业垂直关联缓解融资约束,对私营合资企业、新企业、中高技术企业尤为明显,从而促进中国企业投资和经济增长[42]。王昱(2012)通过世界 73 个经济体宏观数据发现,权益资本跨国流入作为国内信贷的替代资本形式,可以有效缓解本国的创新融资约束,促进经济体创新投资水平。

1.3.2　金融结构与创新投资相关研究

根据迈尔斯和迈基里夫(Myers & Majluf, 1984)、阿基翁等(Aghion et al, 2004)的融资层次偏好顺序理论(pecking order),企业首先偏好将内部资源作为创新融资来源;其次偏好通过信贷进行创新融资,因为信贷要求其进行事前成本评估并且可以保证控制权损失较少;最后企业才会选择发行新股进行创新融资,此时企业会承受较大的控制权损失以及面临较低的可预测性[43~44]。因此可以判断出企业的研发融资模式与其所有权的分配问题密切相连,也表明企业的治理结构是影响研发支出的重要因素。但是当考虑到内外部金融发展水平存在融资约束时,这种融资偏好结构将随着金融结构的变化而发生改变。虽然企业偏好将内部自有资金作为创新来源,但是其资金会受到内部收益波动以及红利分发政策等因素的影响,限制了其内部创新融资的能力,因此融资者需要在债务融资和股权融资之间进行权衡。但是在存在融资约束的情况下,当企业在创新初级阶段规模较小,不确定性较大并且实物抵押资产较低,对外债务融资水平也会相应受到限制;只有少数成熟企业在前期创新投资能够转换成有效产出时,才会在后续阶段得到足够的信贷融资资金。所以企业面临的融资选择往往受限于依靠股权融资办法,即倾向于金融市场的创新融资。

　　企业的权益融资倾向通常与企业的资产特性密切相关。一般而言，当企业拥有较少的实物资产，其使用信贷市场进行融资的机遇会较少，因为它们拥有较少的实物资产或设备用以债务融资抵押。对于研发投资而言，支出多数用于科研人员的工资分发，则这种情况更为明显。因此，研发投资会面临由于缺乏实物资产而出现的融资约束。对于股权市场的发展而言，其与资产特性相互作用时，对研发投资不会产生显著影响（Maskus，2012），原因是股权市场根据内源性融资特征，不需要大量融资抵押品。而且权益融资具有较大稳定性，可以在较大时间范围内为创新活动提供资金支持。所以与国内信贷市场相比，股权市场对研发投入具有显著促进作用。吉姆和魏斯巴赫（Kim & Weisbach，2008）通过38个国家的实证研究表明，企业在进行首次公开募股（IPO）或次级权益募股（SEO）后4年内，累积研发支出是固定资产支出的4倍。高斯等（Kose et al，2009）认为相比较物质资本投资而言，研发投资需要承担较大的不确定性，因此这种活动通常发生在研发密集度较大的行业中，而权益资本可以从本质上很好地起到监控作用，因此是一种替代性较小的融资形式[45]。另外，国际权益资本也类似的可以为较低实物资产的企业提供融资。马库森（Markusen，2002）认为，对于智力资本依赖性较强的行业倾向于广泛建立跨国公司，表明国际权益资本可以缓解研发融资的信贷约束[46]，另外这种权益流入融资在某种性质上是企业的内部融资行为，企业的控制权不发生根本性转变，也可以更为有力地监测国外分支机构的研发活动。马诺瓦（Manova et al，2009）认为跨国公司和其分支机构的紧密合作关系有助于减少研发投资所需的实物抵押资产[47]。另外，分支机构可以利用母公司的内部融资资源。

　　随后，在艾伦和盖尔（Allen & Gale，2000）的金融系统比较理论框架下，以金融中介与金融市场主导的金融结构"二分法"研究开始流行，这些研究分别从动员资本稳定经济的有效性、获取信息的有效性、控制风险和治理结构的有效性三个方面博弈银行与金融市场主导的金融结构体系对经济增长的影响[48]。林毅夫等（2009，2012）拓展了金融结构的产业结构决定论，认为只有金融体系的构成与实体经济结构相互匹配，才能有效地发挥金融体系在动员储蓄、配置资金和分散风险方面的功能，促进实体经济发展，为金融结构有效性提供了新思路[49~50]。沿着这一思路，从金融结构角度研究金融发展对创新投入的研究受到广泛关注。

支持银行主导型金融结构的研究表示，金融中介在信息搜集和处理方面具有优势，有利于资源配置和经济发展。金和莱文（King & Levine，1993c）强调金融中介发展可以降低甄别具有创新精神的企业家的信息成本[51]。本弗拉泰洛和斯基安塔雷利（Benfratello & Schi antarelli，2008）认为银行信贷发展可以降低其固定投资支出的现金流敏感性，增加其从事创新的可能性，尤其增加高技术企业及小企业的过程创新可能性[52]。卡加莱宁（Karjalainen，2008）实证研究了10个国家金融体系的发展对企业创新和未来收益间的关系，发现经济体中银行为基础的融资相对于市场为基础的融资比例增高，企业的创新投入和未来收益均会增加[53]。包马等（Bauma et al，2011）指出以银行为基础的金融体系使得融资约束的企业更易于获得外部融资[54]。米格尔（Miguel，2012）利用企业层面的数据实证发现，对中小企业的研发补贴可以起到良好的信号作用，进而使得企业可以更容易获得长期信贷融资。盛和单（Sheng & Shan，2012）指出，创新投资和银行体系发展之间的本质关系在于，银行发展可以影响企业选择项目的性质，内部投入品的质量以及创新的有效性[55]。王（Wang，2010）融合交易成本经济学（TCE）分析框架指出，过低或过高的企业创新投资会限制其获取银行信贷融资的能力，二者呈现倒U形关系[56]。德格里斯和翁杰纳（Degryse & Ongena，2001）指出，银行信贷资金倾向于投资到存在一定研发投入水平的企业中，因为银行信贷收益依赖于向经营成功的企业的持续贷款，因而企业"创新还是破灭"的两难困境将迫使其不断重视创新，否则其会陷入产品、市场和发展路径的不利环境中，从而失去竞争优势[57]。因此，银行信贷会规避投资资源到不创新的企业中。进一步，戴维等（David et al，2008）指出，强调创新投资的企业可以通过银行信贷来保证融资的灵活性。因此，创新投资可以创造更大的银行信贷融资机遇[58]。然而，如果企业的创新投资水平过高同样会引起银行部门的关注，因为创新投资具有很高的风险性，这样企业失败的可能性会随着创新投资的过多而变得很高。尽管信贷资金供给者可以获取到企业的专有信息，但其本质上是企业的外部人员。布特（Boot，2000）指出，高创新投资水平意味着企业的战略性知识存量较多且不透明性较高，并且这样的企业抵押资产相对较低，结果导致银行部门并不会完全了解企业的内部运作，进而不能有效参与到企业的管理过程中[59]。此时，银行信贷会尽量规避给这类企业提供创新资金。

支持市场主导型金融结构的观点则表示，金融市场能够提供更为丰富灵活的风险管理工具和金融风险产品，而银行具有天生的谨慎倾向性，不利于企业的创新和增长。另外，由于债务融资的实物抵押特性不利于创新融资，因此随着股权市场的发展，权益融资成了研发支出的重要融资途径。拉·波特等（La Porta et al，2008）使用92个国家宏观层面的数据实证发现，银行体系中政府所有权比例越高，生产率水平会显著降低，伴随的企业创新投资数量也会明显降低[60]。盛和单（Sheng & Shan，2012）指出股市发展可以显著提高企业的创新投入，而银行信贷的作用具有不确定性，这主要依赖于银行体系中政府部门的参与程度，政府干预越高对创新影响越低甚至为负。布朗（Brown，2009）发现企业的创新和现金流敏感性在降低，因为权益融资逐渐成为其重要的资金来源。古斯塔夫（Gustav，2010）指出以市场为基础的金融体系比银行为基础的金融体系更利于企业创新[61]。布朗（Brown，2010）使用高技术行业企业数据发现，公共权益融资与新进入企业研发具有显著相关性，而与在位企业关系不显著。权益融资的可获得性可以显著影响新企业的市场占有率，进而促进了市场的创造性破坏过程[62]。布朗（Brown，2013）通过欧洲大量企业层面数据实证发现，当控制住企业的投资平滑行为后，股权市场的发展和自由化通过促进企业层面的创新活动而提高经济长期增长[63]。乔明珠和李泽豪（Jaemin Cho & Jaeho Lee，2013）使用韩国上市企业数据实证检验发现，研发会导致企业首次公开募股（IPO）的低定价现象，但由于风险资本的参与可以起到认证作用，进而可以减轻这种价格低估现象[64]。王（Wang，2010）指出，创新投资和权益融资之间具有显著的正向关系。股权融资不会迫使企业按期支付融资利息，这种下降的财务负担对需要从事大量创新投资的企业非常重要。创新虽然能够实现良好的绩效，但要受制于外部市场和内部技术的高度不确定性。前者难以判定顾客的品位和竞争者的行为是否可以影响新产品或新过程的价值，而后者则难以确定创新支出能否成功产出新产品或新过程（Song et al，2005）[65]。因此，高研发投资企业会将自身暴露在高风险之中，而权益融资通过降低财务负担和清算可能进而缓解了创新项目失败的可能性（龚强等，2015）[66]。同时，研发投资属于资源消耗型投资，充裕的资源对其影响非常重要，而权益融资可以有效提高资源的充足性。权益融资促进创新投资的重要原因还来自二者的紧密联系，股权收益来自企业的剩余价值，而创新投资可以帮助企业建立特定优势来获取超额剩余价值。创新投资的副产品还可以帮助企业提高吸收能力，有助于甄别、消化和商业化自身的新知识或新技能。企业吸收能力的提高会进一步提高创新能力和剩余价值水平。尽管股权持有者可能会因为企业创新投资而暴露在风险之中，但权益投资者可以通过资产组合投资选择来降低这种非系统性风险（Allen & Gale，2000）。王昱（2013）通过国家层面的宏观数据和中国微观企业层面的数据实证探讨了缓解融资约束的金融市场发展对创新投入的影响机理和路径选择问题，认为金融市场发展对经济体或企业创新投入产生了非线性影响，不同金融市场路径选择具有不同影响途径。在本国融资约束情况下，股权市场对外开放会对创新投入产生显著影响，而当金融市场融资约束较小时，信贷融资开始对创新投入产生显著影响，因此创新投入倾向于权益融资。陈昆玉（2015）通过中国 A 股上市公司数据实证发现，无论使用专利授权量抑或专利申请量作为创新能力的替代变量，其对内源融资或股权融资均具有显著的促进作用[67]。

随着金融市场的对外开放程度加深，跨国并购（M&A）的发生不断完善本国金融结构促进实体经济创新投入的功能性缺陷，这实际上也是金融体系效率高的国家向金融体系效率低的国家输出金融中介功能，帮助其实现创新资本配置和风险分散的职能（祝丹涛，2008）[68]。恰尔尼茨基（Czarnitzki，2003）指出，借贷双方的信息非对称性以及道德风险会造成金融市场的融资约束，尤其对研发投资更显著。企业并购不仅可以缓解内部融资约束，还可以通过提升企业的规模和讨价还价能力来改善金融资源的可获得性[69]。布鲁尼根（Blonigen，2000）指出，跨国并购使得研发融资变得更加容易，尤其是基础研发领域的融资更显著。企业并购后，来自其他企业的额外金融资源使得企业的内部资金更加充裕，而这种内部资金因为金融市场的不完全特性而变得至关重要[70]。由于企业的资源获取不仅受限于现存的内部资源，而且还受制于地理环境。因此，跨国并购可以帮助企业跨越自身和国界的限制。由于国际资源具有多样性，国家创新体系也具有多样化，因此，从国际环境吸取新资源可以提供更大的资源补充机遇（Rosenkopf & Almeida，2003）[71]。跨国并购具有创新投资的规模和范围经济潜力，进而可以提高研发效率。卡西曼等（Cassiman et al，2005）指出，跨国并购推动企业开发创新能力并提高研发预算[72]。固定成本相对于研发产出比例的扩大增加了企业创新投资的动力，进而导致研发项目规模的提升。并购企业可以使用共同的研发设备，并倾向于投资更多的基础研究。进一步，当前市场变化节奏较快，产品生命周期较短，开发内部自主研发的可能性降低且风险更大。获取目标企业现存的研发资产成了进入新技术市场和补充内部研发资源的重要方式。伯特兰和苏尼加（Bertrand & Zuniga，2006）指出，并购企业技术资产的互补性能够提高研发效率，增加研发支出，企业之间会产生较高水平的协同收益[73]。跨国并购还可以鼓励并购企业在不同研发中心重新配置和组织创新资源，然后决定在哪些技术领域专业化，在其他领域多样化或仅进行外购（Love & Roper，2002）[74]。研发的外购决策取决于企业的规模或类型，因为相对于国内研发，外购可以改变企业的收益和成本。另外，内部研发尤其是基础性研发有助于企业提升技术的吸收能力，进而充分筛选和使用外部的专业知识（Cassiman & Veugelers，2006）[75]。

关于金融市场对外开放对创新投资影响的主要其他方面研究包括进出口、外资流入（FDI）和跨国公司（MNE）对创新投资的影响。沃格勒（Veugelers，1997）指出，为了面对来自跨国公司的竞争，本国企业需要通过外购或自主研发来获取技术[76]。凯瑟里亚（Kathuria，2008）通常将技术进口作为一种优先选择，但技术进口同时要伴随着内部研发支出以适应本土实际情况。类似的，溢出的吸收也需要伴随着一定数量的研发支出[77]。尼森（Nelson，2004）指出，跨国公司不得不增加适应性研发投资以便应对母国实际需求[78]。安尼克（Annique，2008）指出，研发投资受制于融资约束，但跨国公司的子公司可能并不会面临这种困境，因为母公司比国内企业在资本市场上融资更具优势[79]。库马尔和阿加沃尔（Kumar & Aggarwal，2005）以印度企业的实证数据发现，技术的进口和研发具有互补关系[80]。而范和胡（Fan & Hu，2007）以中国企业的实证数据却发现，技术的进口和研发具有替代关系[81]。伯特兰（Bertrand，2009）发现国外企业对法国企业的并购会同时提高其内外部的创新支出，创新融资不仅来自内部资金，更多来源于合作伙伴以及母公司的资金支持。并购可以带来足够的效率提高进而抵消一体化或市场成本，推动企业从事更多的创新活动[82]。苏巴什（Subash，2011）实证发现 FDI 促使外资高技术企业及外商控股企业进行创新，与创新活动产生互补性。米宁等（Minin et al，2012）认为新兴经济体企业的 FDI 通常伴随着技术寻求式创新支出增加[83]。梅塞内和克劳伊斯（Maeseneire & Claeys，2012）指出信息问题和资本抵押的缺乏导致国际投资，母国银行的融资歧视和资金配置方式使得中小企业出现融资约束并寻求 FDI 的融资支持[84]。

1.3.3　金融功能与创新投资相关研究

当学者开始思考不同金融结构对创新投资影响关系后发现，金融结构的变化是以其核心功能的提升（资本配置效率和风险识别功能提高）而导致的配置主体结构和配置结果结构变迁体现出来的，金融结构的变化可能只是金融功能变化的外在表现。贝克（Beck，2001）针对"金融结构无用而金融深度有用"观点指出，无论一个国家的金融结构是以银行为基础还是以市场为基础，其经济都不会更快增长，但整体金融发展程度却能够解释不同国家在经济表现上的差异。莱文（Levine，2002）在控制金融发展水平后，发现银行主导型或市场主导型金融结构的差异对经济增长没有显著的影响。影响经济发展的核心是金融发展，而银行和股权市场的相对组合对经济发展的影响并不明显。因此，无论经济体的金融结构如何组成，支持金融功能观的学者都认为金融体系所提供的整体功能才是最重要的，而金融中介与金融市场在金融体系中的构成只是一个次要问题（Lin，2013）[85]。

默顿（Merton，1995）提出金融功能的新观点，指出任何金融系统的基本功能都是在一个不确定的环境中，在时间和空间上便利经济资源的配置和拓展[86]。贝克和莱文（Beck & Levine，2004）指出金融发展可以促进经济发展，其作用机制主要是通过发挥金融体系的功能来实现的[87]。沿着这一思路，金融发展理论把自己服务于实体经济和主动承担实体经济风险的功能嵌入经济增长理论，进而对嵌入金融功能后的微观主体最优化行为进行分析，探索金融对经济增长影响的内在机制。在资本积累（物质资本和人力资本）促进经济增长的内生增长模型中，金融部门主要是充当储蓄者和投资者的桥梁，便利储蓄向投资的转化，增加物质资本和人力资本投资，从而加速了技术进步促进经济的增长。在内生的研发和创新模型中，由于创新的不确定性和风险，金融部门除充当储蓄者和投资者的桥梁职责之外，还必须深入到研发部门（项目）承担着风险资本家的职能，将资金投向有风险但潜在收益大的科技项目上才能获得长期经济增长，而金融中介将储蓄配置到有效率企业只能获得短期经济增长。通过对企业家的技术创新能力进行事前评估，防止企业家欺骗行为、对投资项目进行监督；通过完善金融市场加大企业欺骗资金所有者的成本；缓解融资约束促进企业长期投资（创新与技术进步投资）提高研发部门的创新能力和技术进步效率进而加速经济增长。

当金融发展不能发挥出促进创新投资所需的高层次衍生功能时，金融发展便会出现资金在长短期投资错配、行业或地区间错配等金融效率低下现象。戴静和张建华（2013）、刘瑞明（2011）从所有制类型或者行业和地区层面分析了资金错配情况，研究发现，在功能缺失以及所有制歧视的情况下，金融资源更多地配置给了创新效率较低的国有企业中，抑制了国有经济的创新活动，拖累了地区创新产出和经济增长[88~89]；邵挺（2009）、程海波等（2005）从金融结构引起的功能差异视角研究了企业的资本错配情况，指出银行信贷资金以低成本错配给了资本回报率较低的国有企业，如果消除这种错配现象，GDP增量可以提高 2% ~ 8%[90~91]；祝丹涛（2008）、苏巴什（Subash，2011）将这一研究扩展到开放经济条件下，对内外资错配等现象进行了分析，指出本国金融部门功能缺失、资本配置效率低下时，外资流入实际是伴随着国外高层次金融中介职能的输入，帮助本国金融体系实现资本的有效配置；菲利普（Philippe，2010）和安特斯（Antràs，2009）把金融发展功能水平与企业的资金配置结合，分析了融资约束对企业生产活动的影响，发现融资短缺增加了企业长期创新投入的风险性，使企业更偏好短期生产性投资，进而减少了企业长期的创新投入水平[92]。谢克和勒诺（Hsieh & Klenow，2009）发现金融资源在中国企业间错配会降低 15% ~ 25% 制造业全要素生产率水平和 8% ~ 11% 的工业产值，这在很大程度上是由于创新投入的减少造成的[93]。彭俞超（2015）从金融功能视角探究了金融结构对经济增长的影响，同样证实了金融结构只是金融功能的组成形式[94]。王昱（2015）沿着开放经济条件下的内外资效率视角，把资金配置与企业的异质性特征

（生产率）相结合实证发现，当金融发展缺乏对创新投入的风险甄别功能时，金融部门把评估企业创新风险转向简单地判断企业本身的风险性和偿债能力，这种基于安全性融资导向，使金融资源更容易流入到安全性较高的国有企业或投资风险较小的行业，创新性活动比较活跃的高科技中小企业往往得不到贷款。

1.3.4　现有文献述评

根据本书对金融发展与创新投资关系的文献综述可以发现，第一，现有文献通常只侧重研究金融发展的不同层面对创新投资的影响，缺乏一个连续的内在演化逻辑，使得金融发展对创新投资影响分析不具有完整性。第二，针对金融发展对创新投资影响的每一个层面分析而言，大部分文献都发现了金融发展对创新投资的单向促进作用，即金融规模扩张、金融结构优化以及金融功能改善对创新投资均产生了显著的促进影响。在这种情况下，就会缺乏具有针对性的理论来支持和要求金融发展从数量到质量转变对创新投资影响所具有的重要指导意义，也不能深刻认识到解决我国金融发展从粗放式规模扩张转变为效率提升的迫切需要，这样也不符合金融发展理论体系演化的内在逻辑，进而就不能找到金融发展促进创新投资以及回归实体经济发展的影响路径机理以及有效的政策建议。第三，现有文献研究金融发展对企业创新投资的影响通常仅关注了对企业创新投资行为的影响，而缺少对企业创新决策行为的关注，可能产生选择性偏误问题并缺乏对企业创新过程影响的完整认识。第四，现有文献关于金融发展对创新投资的影响通常只侧重于对实证层面（宏观或微观）的研究，相对缺乏理论模型的构建和机理分析。

针对上述文献中可能存在的空缺点，本书试图沿着金融发展理论的内在演化逻辑从金融数量层面到金融质量层面相结合，从理论机理分析到实证研究分析相结合对企业创新投资进行系统化研究，并考虑到了对企业创新决策和创新投资两阶段的完整影响。在此基础上，试图提出本书的结论和建议。

1.4 本书的研究框架及方法

1.4.1 研究思路与研究框架

1.4.1.1 本书研究思路和逻辑

本书以中国金融发展和创新投资的现实背景为依托，从区域金融发展的数量和质量特征为切入点和新视角，在区分企业创新投资阶段的基础上，首先构建了区域金融发展对企业两阶段创新投资边界影响的数理模型并深入分析了其影响机理，其次通过金融功能升级理论决定的动态空间区域金融发展收敛模型判定了中国区域金融发展的收敛性和层次特征，最后通过三阶段DEA - Malmquist 指数分解和聚类分析方法以及 HECKIT 模型和门限模型，验证了区域金融规模和金融效率（功能）对企业两阶段创新投资边界影响特征，从而证明了本书理论的适用性和科学性。最后，根据本书的研究结论认为，提升金融效率是跨越企业创新投资阶段中金融规模瓶颈的重要途径。

本书的研究逻辑为，从中国区域金融非平衡发展和微观企业创新投资阶段的特征事实出发，认为当区域金融规模深化不足或过度发展时，金融发展不能有效缓解企业的创新融资约束，进而不能促进企业的创新投资过程；当区域金融规模发展适度扩张时，金融发展缓解不同企业创新融资产生不同的门槛效应。在金融所有制歧视背景下，金融发展更易于促进国企或高技术企业或发达地区企业创新投资过程。而在金融效率（功能）改善的条件下（超过一定门槛值），才能有效促进私企或中低技术企业或欠发达地区企业创新投资过程。

1.4.1.2 研究框架

本书总体框架包括六部分内容，第 1 章为本书的绪论，第 2 章为金融发展和企业创新投资的相关理论，第 3 章为金融发展对企业创新投资影响边界效应的理论建模，第 4 章为中国区域金融发展的边界特征分析，第 5 章为金融发展对企业创新投资影响边界效应的实证检验，第 6 章为结论和展望。

1.4.2　研究方法

在本书的研究工作中，本书首先借鉴了菲利普（Philippe，2010）的投资组成与经济周期模型以及阿吉翁和豪伊特（Aghion & Howiit，1998）的内生经济增长模型，将包含融资约束和金融发展影响的因素纳入现有模型理论框架中构建本书金融发展对企业创新投资阶段的边界影响模型[95]；其次，通过 σ 收敛模型和动态空间 β 收敛模型从金融发展的演化路径（规模—结构—功能）来判定中国区域金融发展的收敛性和层次特征，为研究金融发展对企业创新投资阶段的边界影响做出铺垫；最后，通过三阶段 DEA – Malmquist 指数分解和聚类分析方法以及 HECKIT 模型和门限模型实证研究金融发展对企业两阶段创新投资的边界影响，并给出了相应的政策建议。

通过上述研究方法和思想，本书力求从金融功能升级的视角理清中国区域金融发展的层次特征，进而理清金融发展对企业创新投资阶段边界影响的机理和传导机制。

1.4.3　本书的技术路线

本书的技术路线如图 1.1 所示。概括而言，第一，将从中国区域金融非平衡发展和微观企业创新投资的特征事实出发，提出科学问题、梳理前沿文献研究、构建研究思路；第二，回顾金融发展和企业创新投资的相关研究理论，包括金融发展理论的内涵及演化逻辑、企业创新投资理论及其影响因素，在此基础上揭示了金融发展和企业创新投资及企业两阶段创新投资的关系；第三，构建了金融发展对企业两阶段创新投资影响的数理模型并进行了相应的机理分析；第四，针对中国区域金融发展的边界特征做了实证分析，掌握了我国区域金融发展的层级特征和实际情况，承上启下；第五，针对金融发展对企业创新投资影响的边界效应进行了实证检验并确定了相应的边界值；第六，给出了本论文的研究结论和建议。

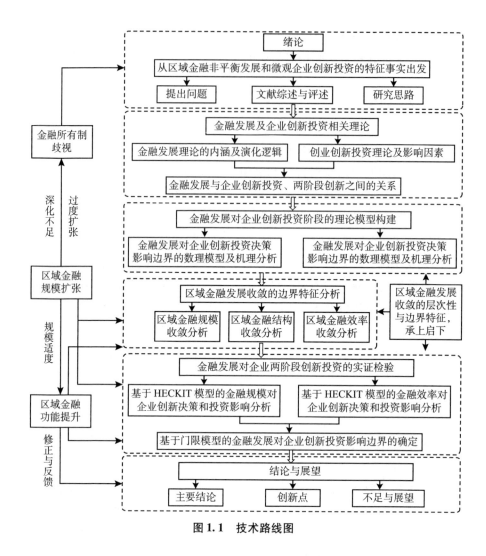

图1.1　技术路线图

1.5　本章小结

　　首先，本章提出了本书的研究背景和研究意义，认为寻找金融发展促进经济增长的内在稳定机制核心是金融功能的提升必须促进企业的创新投资，并且存在边界效应。在此基础上，对中国金融发展和企业创新投资的现状进行了概述，发现造成中国创新强度偏低的主要原因是企业创新投入不足。帮助和促进企业提升自身的创新能力，才能从根本改变中国总体创新规模偏低的状况，进而才有助于中国获得持续发展动力、顺利跨越"中等收入陷阱"。其次，本章沿着金融发展理论的演化脉络（金融规模—金融结构—金融功能）就金融发展与创新投资影响关系的现有文献进行了梳理和综述，并对现有文献存在的不完善性进行了简单述评。再次，针对现有文献的空缺，提出本书的研究想法，即试图沿着金融发展理论的内在演化逻辑从金融数量层面到金融质量层面相结合，从理论机理分析到实证研究分析相结合对企业创新投资进行系统化研究，并考虑到了对企业创新决策和创新投资两阶段的完整影响。最后，提出了本书的研究工作、研究框架和技术路线图，为下文的撰写工作提供指导。

| 2 |

金融发展与企业创新投资的相关理论

本章首先沿着金融发展理论演化的脉络发展（金融规模观—金融结构观—金融功能观）对其进行了梳理和概述，在此基础上提出了金融发展的动态演化思想和内涵，分析了金融发展中的功能升级演化路径和层级提升要求，即金融发展是动员储蓄的基础功能—拓展到配置资本的核心功能—再拓展到分散风险的衍生功能发挥主导作用的过程，表现为金融数量层面到质量层面的动态演化过程。其次，对企业创新投资的基本内涵和影响因素等进行了梳理。最后，对金融发展和企业创新投资以及两阶段创新投资存在的内在关系进行了概括介绍。

2.1　金融发展理论

2.1.1　金融发展规模论

1969 年，美国经济学家戈德史密斯指出，一国现存的金融工具和金融机构之和一起构成了该国的金融发展程度，而金融理论的职责就是要找出决定一国的金融结构、金融工具的存量以及金融交易流量等主要的经济因素，并阐明这些因素如何通过相互的作用，进而形成金融发展。随后的金融发展理论在规模观上表现为金融抑制论、金融深化论到金融约束论再到金融过度论的演化过程。

2.1.1.1 金融抑制论

麦金农（McKinnon，1973）提出了著名的"金融抑制论"，认为由于发展中国家金融体系的发展不平衡性，传统的金融机构与现代的金融机构并行存在[96]。金融市场由于具有不发达特点，在分割性的经济体中，大量的经济单元彼此之间隔断，进而所要面临的生产要素或产品价格之间也互不相似。所对应的技术条件不相同、所对应的资产报酬率也不相同，没有一种市场机制可以使其趋于收敛，即市场不完全。这种特征的重要表现形式就是大量微观个体被排斥在有序的资本市场之外。这些个体只能依赖于内部的原始积累，但大量有效资金需求仍不能获得满足，最后导致了投资水平下降。另外，因为发展中经济体对金融行为存在着各种限制条件，会对利率和汇率二者存在着严格的管制，进而导致利率和汇率出现了扭曲，这样不能真实地反映出资金供给需求和外汇供求的关系。在利率出现压低或通货膨胀或两者都存在的状态下，首先，利率限制可能导致信贷额度配额，从而降低信贷资本的配置效率；其次，货币持有者的实际收益几近很低水平，导致大量企业个体不愿意通过持有现金、活期或定期存款再或者储蓄存款等形式来进行内部的积累，而转向实物形式存储。结果是，银行的储备资金加剧减少，功能不完善，投资下降，经济加速放缓。该种情况麦金农称之为"金融抑制"。这种金融的抑制不利于发展中国家的内部储蓄，增强了本国经济体对外国资本的强烈依赖性。

2.1.1.2 金融深化论

在麦金农提出"金融抑制论"的同时，肖（Shaw，1973）提出了著名的"金融深化论"。金融深化理论指出，金融制度与现有经济发展间具有互相推动和牵制的关系[97]。首先，完善的金融制度能有效地动员资金并引导其流向生产性投资，从而加速经济的长期发展。其次，健康的经济反过来会通过人均收入的提高和经济个体对金融服务的需求扩张来反向刺激金融发展，因此形成金融—经济的相互促进的良性循环路径。金融深化过程可以展现为三个层次的动态过程：一是金融增长，即金融规模断扩大，该层次用指标

M2/GNP 或 FIR = (M2 + L + S)/GNP 来测度；二是金融工具、金融机构的优化；三是金融市场制度或市场秩序的健全，金融资源在市场作用下得到资源的优化配置。总之，三种层次的金融深化过程互为因果影响，并交织到一种体系中。

金融抑制理论或金融深化理论的提出，在经济学领域引起了极大的反响并占据了主流思想，其认为，要使存在金融抑制的经济体摆脱贫困，需要完善金融市场的自由化使利率逐步达到瓦尔拉均衡水平，能够反映资本的稀缺程度，减缓通货膨胀，使持有货币的真实收益转变为正值，提高国内金融体系的动员储蓄功能和信贷资金配置能力以消除金融压制现象，实现金融的深化，获得资金资助和经济发展，最终能够出现金融和经济发展的相互良性循环。受此理论的深入影响，从 20 世纪 70 年代的中期以后，西方主要的工业化国家大部分开始进行金融改革，放松甚至取消金融部门的干预，逐步形成金融自由化趋势。金融自由化宗旨是要求政府放弃对金融体系或领域的过分干预和保护，包括利率自由化、金融衍生品自由化、金融部门自由化、资本市场自由化和汇率的自由化等。其认为，发展中经济体只有依靠金融自由化才能开始实现金融的深化过程。在工业国家自由化的浪潮冲击下，许多发展中经济体开始了以金融自由化为主要内容的金融改革，试图实现金融深化，步入金融和经济发展的良性循环。但金融自由化实际结果通常不尽如人意，失败的案例更普遍，成功的案例甚少。在这种现实背景下，麦金农在《经济市场化的次序——向市场经济过渡时期的金融控制》中对金融自由化给出补充，认为实行经济市场化现实中存在一个确定最优次序的问题，政府不能同时开展所有的市场化。

2.1.1.3　金融约束论

赫尔曼、默多克和斯蒂格勒兹（Hellman, Murdock & Stiglitz, 1997）以及青木昌彦（1998）观察东亚经济尤其是"二战"后日本的成功经验，从不完全信息视角提出了"金融约束理论"，重新思考了金融体制中放松管制与加强政府干预等问题的关系[98~99]。金融约束指政府部门试图制订一系列金融政策，在民间部门来获得租金的机会，进而实现金融部门以及生产部门设立完成租金的宗旨。这种租金不属于无供给弹性的生产要素类收入，而是超越了竞争性市场所能索取的收益。金融约束若能够有效地发挥用途，需要满足一些假定条件：宏观的经济状态稳定，通货膨胀较低且能够预测，实际利率表现为正值。

金融约束论指出，金融系统需要包含三个机构：提供资金的居民，使用资金的企业和金融中介银行（还可以把政府当作第四个参与者，但其不应该从金融部门攫取租金，只需要起到监管者作用）。由于竞争性金融系统的一个主要问题是缺乏稳定。因此，规避风险的居民仅在确定其资金安全性可以得到保证或随时提取时，才会存入金融中介。另外，由于银行和企业不断地业务来往能够积累"关系专用性资本"，降低了金融中介的代理成本。因此，发展中国家的重要目标就是建立良好的激励机制使得高质量的金融机构有效发展，提高金融部门的稳定性。由于现实经济中存在着信息不对称和道德风险因素，单靠市场机制来实现金融稳定并不容易，就需要政府出面进行适当干预来维护金融的稳定。因此，政府可以使用存贷款利率的控制、偿还期之间转换、竞争的限制、资产替代政策制约以及定向信贷等方法为金融部门或生产部门创造租金，维护稳定。

金融约束论认为，设定租金的政策目标实际是提供适当的激励，诱导出一种以市场为基础的状态。首先，金融约束对金融中介具有以下作用：第一，租金可以产生特许权价值，而特许权价值的一个重要功能是可以创造出一种在短期内不能得到的，也不能依赖负面宏观经济影响从而消失的长期股权资本，大部分股本价值来自未来的持续经营，进而引发商业银行降低道德风险行为。第二，边际租金增强了银行体系能吸收更多存款的动力，推动了金融深化过程。对发展中经济体来说，金融深化的重要组成部分便是建立一类储蓄机构网来吸纳存款，做出更多投资并把储户整合到正式金融体系中。在金融出现约束状态下，银行一旦新增存款便能获取租金，进而促使其寻找新的存款来源。第三，租金使得偿还期转换政策可以实施，从而满足了经济发展过程中大型项目的长期资金需要。第四，金融约束能够避免社会资源浪费，降低金融市场无效竞争，提升金融体系的安全水平。第五，金融约束可能限制了居民将正式金融部门中的储蓄转化成其他资产，提高资本配置效率。其次，对于生产部门来说，金融约束具有以下用途：第一，在生产部门设定租金可能会提升资金的配置效率，生产部门获取租金后将增加资本积累进而增加股本，产生股本效应，降低代理成本，提高社会收益。第二，直接增加投资资金的供给，从而使总投资增加。由于企业部门边际储蓄倾向较高。因此，把租金从居民转变到生产领域可能会降低了居民消费，增加了企业储蓄。当企业收入处于较高水平时，他们的总投资水平会随储蓄的增加而上升。最后，能促进企业对行业经验学习的投资。

金融约束理论应该是一系列动态政策制度体系，应随着经济的发展向更加自由、更具竞争的金融市场方向调整，而不是自由放任和政府干预间的静态博弈，并重视金融市场发展的合理顺序。对于多数发展中经济体来说，由于其金融发展程度较低，机构组织能力薄弱，储蓄水平不足，金融资产的收益率为负。因此，直接运用自由的金融市场模式似乎并不恰当，较优的选择是提前建立一种健全的银行体系。金融约束较优程度会随着金融深化程度加深而逐步降低。对金融深化较低的发展中经济体，金融约束包括存贷款利率的控制、市场准入程度的限制及资本市场竞争管制等。随着经济增长，对贷款利率的管制应该先于存款利率而宽松，政府若发展公司债券、股票市场，或向银行部门引入竞争前，应为政府证券扩展一个民间资本的债券市场。

2.1.1.4 金融过度论

2008 年的国际金融危机爆发后，很快又提出了"金融过度论"（Arcand，Berkes & Panizza，2012；Cecchetti & Kharroubi，2012；杨友才，2014）[100~102]，就金融发展对经济增长的作用机理进行了更为丰富的分析，认为金融发展和经济增长之间并非呈现单调的线性关系，而是出现"阈值效应"或更复杂的非线性特征。

来自传统的金融发展理论影响，经济体大量推行金融自由化或加大开放，希望依靠金融体系的快速增长从而推动经济快速增长。然而，这次的金融危机是在大多经济体金融体系不断扩张、金融全球化逐步加强的背景下爆发的，并且此次危机对世界主要经济体的经济发展均造成了很严重的负向冲击。为解释传统思想与实践的矛盾，国际货币基金组织和国际清算银行的大量经济学家重新验证和证明了金融发展与经济增长之间的关系，并提出"金融过度论"，指出，金融发展（包括全球化）并不能一直单向促进经济增长，而是存在有效边界，超过一定界限的金融发展反之将阻止经济的增长。其中，塞切蒂和克鲁比（Cecchetti & Kharroubi，2012）通过对微观银行信贷、私人部门信贷、金融部门的就业比例与经济增长之间关系的测算发现，金融规模对经济增长的作用途径存在"阈值效应"；而通过对金融部门就业增长速度与经济增长速度的关系测算发现，金融体系的发展速度对经济增长作用依然存在这种"阈值效应"；另外，通过对国际资本流入占比与本经济体的经济增长速度之间关系的测算发现，金融全球化与经济的增长机制亦存在这种"阈值效应"。

这类倒 U 形的"阈值效应"，塞切蒂和哈鲁比（Cecchetti & Kharroubi，2012）引用了一种形象的比喻做出解释，"例如，一个人吃太多有损于健康一样，过度膨胀的金融系统也可能成为经济增长的阻碍。"首先，过度金融发展有可能助推经济主体过度的负债，或向不具有偿债能力的经济个体提供超额融资，进而增加金融体系的风险性和脆弱性，造成实体经济资金错配；其次，过度发展的金融体系相当于掠夺了实体经济增长中真实需要的资源，对实体经济的增长造成了"挤出效应"影响，不仅包含办公楼或计算机等物质资本，还包含人力资本等。金融体系过度的复杂化引起大幅扩张监管资源投入的规模和范围，其中一个就是监管的人力资源投入量。1980 年，英国金融部门的人员与监管者的比例为 11000∶1，而到了 2011 年却减少为 300∶1。美国的情况与之相似，1935 年 1 个监管者对应 3 家银行，2011 年增加为 3∶1。"阈值效应"的另一个重要原因是，在全球性政府管制机制的缺失和金融安全体系发展不健全情况下，政府是各自国家政府，而金融市场却是全球性的，过度的金融全球扩张并不能完成全球范围内的资源最优配置，反而可能会造成更大的系统不稳定性和风险（Rodrik & Subramanian，2011）[103]。对于发展中经济体来说，金融全球化在理论上可以为其储备更多的资金、带来更快的经济增长以及降低贫困程度，但现实并不总是符合理论预测，如中国等经济增长快的发展中经济体并非资金的流入国，反而向高收入国家投资；在那些依赖国际贷款的经济体中，经济发展的表现通常较差，全球化没有缓和而是加大了发展中经济体的经济波动状况（Rodrik & Subramanian，2008）[104]。另外，金融过度发展妨碍了市场参与主体或监管机构理清金融交易或整个体系风险的情况。原则上说，金融产品复杂化或金融全球化使金融机构更加紧密组织在一起，合理地配置资源，更广泛地分散风险，进而促进经济持续增长。

但是，金融产品的日趋复杂化造成监管机构或金融机构自身都很难充分认识到风险的转移情况，且金融机构的过度联动及全球化可以增加金融风险的传导或溢出影响。

另外还要指出，"金融过度论"与赫尔曼等（Hellman et al，1997）和青木昌彦（1998）提出的"金融约束论"的视角或思想并不一致。后者认为，发展中经济体的政府使用利率限制、市场准入管制等一系列间接的干预政策，可以促使资源再次进行合理分配，既要防止金融压制的不利影响，又能达到迫使银行积极规避风险的最终目的，进而促进金融体系持续地发展，即金融约束论的终极目标是要加速金融体系发展，而金融过度论是要预防金融发展超出一定界限。

2.1.2　金融发展结构论

关于金融结构对经济增长影响的学术研究始于 1969 年戈德史密斯开创金融结构理论，通过多年的研究形成了不同的理论脉络。

2.1.2.1　银行主导论

这一观点认为银行主导型金融体系更有利于经济增长，因为其在动员储蓄、筛选项目、监督企业和风险分散等方面表现优异。个人投资者更倾向于把资金放在银行，因为银行的经营风险相比于金融市场而言更低，因此银行在吸引储蓄方面更有优势。而对于银行而言，会在众多企业家和项目中，选择最具潜力与创新性的项目提供资金，从而间接促进了经济发展与技术进步。此外，格申克龙（Gerschenkron，1962）提出在法律体系与制度环境不健全的形势下，银行能够强迫贷款人按时还款，在这个意义下银行的作用比市场更大[105]。同时，戴蒙德（Diamond，1984）也指出银行能够通过专业的渠道掌握企业更多的信息，从而具有比个人投资者更强的监督作用[106]。最后，银行的基金规模以及管理技术能够高效地进行资产组合运作与管理，从而有效控制风险。支持银行主导论的研究也指出了市场主导型金融体系存在的不足。金融市场的发展加速了上市公司的并购重组，会在一定程度上影响了企业正常的稳步发展。金融市场的发展势必会吸引大量的个人投资者进入，投资者的盲目跟风以及投机行为会带来金融市场泡沫的激增，进而增加了金融资产的风险。此外，林（Lin，2012）也指出投资者会受金融市场高流动性的特点而只关注股价变化，忽略了监管企业的管理行为[107]。张磊（2010）以发展中国家为例，探讨了银行主导型金融结构对于后发经济体中存在的优势[108]。

2.1.2.2 市场主导论

市场主导理论认为市场主导型金融体系在信息的透明化、价格识别、提升科技创新、管理风险以及改善企业管理水平等方面有优势。金融市场中的竞争驱动企业公开财务信息，市场中不断完善的制度也促进企业信息的透明公开。在有效市场的假设前提下，市场中的竞争可以促进金融资产的价格发现进而形成有效的价格机制。健全的价格机制可以促进资源的高效配置，最终刺激经济发展。此外，艾伦和盖尔（Allen & Gale，2000）指出在市场竞争机制的推动下还会给企业带来创新研发的动力，进而创立各自的核心竞争力，最终提高社会整体的技术创新实力。金融市场中交易的各种金融产品，可以让投资者通过资产组合来进行管理。另外，斯图斯（Stulz，2001）认为在该金融体系中，由于上市公司存在被收购的风险，因此他们会被驱使提高业绩，提升企业管理水平。市场主导论也提出了银行主导型金融体系的不足[109]。拉詹（Rajan，1992）曾指出尽管银行能够为投资者选择合理的投资项目，但是由于银行高超的议价能力，从而导致企业支付信息租金后盈利能力下降，不利于企业的发展。银行出于赢利的目的会倾向于投资大规模的企业，导致中小企业融资困难[110]。贝克等（Beck et al，2008，2013）探究了不同类型金融制度、规模及企业融资的可获取性之间的关系，发现发展中国家银行主导型金融结构与较低的资本可获取性密切相关，较小的金融规模并非一定对应于资金的更易获取程度[111~112]。

2.1.2.3 最优金融结构论

艾伦和盖尔（Allen & Gale，2000）认为金融市场和银行在促进经济增长方面各有利弊，必须通过同时利用融市场和银行才能实现最优金融体系的建立。前者强、后者弱，不利于带动储蓄，易导致投机行为泛滥，带来经济系统的不稳定；前者弱、后者强，会导致企业向银行寻租行为的兴起，破坏市场秩序，扰乱资源的有效配置，更不利于资产价格的合理制定，还会带来较高的交易成本。因此，林（Lin，2012）、林毅夫和姜烨（2006）、龚强（2014）指出最优金融体系应该是二者的有机结合体，但是二者的比重在各国、各发展阶段可能有所不同，是由各国不同的资源禀赋决定的经济结构所确定的[113]。

2.1.2.4 金融结构无关论

莱文（Levine，2002）对银行主导型金融体系与市场主导型金融体系进行比较研究发现，虽然金融发展与经济增长有关系，但是没有发现哪一种类型的市场更有利的证据。对于投资者而言，在市场风险稳定、资本市场健全的情形下，决定投资项目的是利率（Stulz，2001）。在该理论的各种观点中，比较有影响的是默顿和博迪（Merton & Bodie）在1995年提出的金融功能观。他们认为，一国的金融结构会受到文化、社会环境等各方面的影响，因此相比金融结构，金融功能会更好的体现金融发展水平，进而对经济增长的影响更为明显。默顿和博迪接下来在2004年结合了新制度理论、行为经济学、新古典理论等三种理论，提出了功能和结构金融观，认为金融体系的设立应该对结构与功能同时重视，其中结构是内生于金融体系中的。金融结构无关论的理论普遍强调在银行与市场的金融功能都是最优的理性的金融体系中，二者的重要性无差；而金融功能观以及后续功能和结构金融观关注的是金融功能实质对经济增长的影响。

国内研究金融结构对经济增长影响的结论也并不一致。范方志和张立军（2003）、李健（2003）、应展宇（2010）、刘小玄和周晓艳（2011）等研究发现金融结构优化对于经济增长的意义深厚，但是没指出银行主导型金融体系与市场主导型金融体系的具体选择结果[114~117]。而支持市场主导型金融体系的学者有殷剑峰（2004）、孙杰（2002）等[118~119]。支持二者融合的学者有李健和范祚军（2012），李健、范祚军和谢巧燕（2012）等[120~121]。

2.1.3 金融发展功能论

金融规模论视角下的规模扩张并不能自动地带来金融效率（功能）的提

升，而在金融发展促进经济发展阶段中，金融效率发挥着关键影响，金融效率的大小将决定出金融发挥影响的成本或作用力的大小，最终在很大程度上决定了整体经济效率的高低程度。白钦先和谭庆华（2006）表示，金融效率是金融资金在经济体系和金融体系以及金融体系内部子系统之间的协调配置程度，它是金融量性扩张和质性发展的统一体、静态效率和动态效率之间的统一体、微观效率和宏观效率之间的统一体[122]。由于对金融效率的研究很难在一个统一水平上展开，因此金融效率常常表现出不同层次特征，包括：金融部门作为产业主体在运营发展过程表现的效率，这代表金融本身发展的微观效率；金融部门作为经济发展的重要因素在市场运行表现的效率，反映出金融的微观效率与宏观效率的综合；金融部门的经营效率和金融市场效率反映的综合效率，代表宏观层面的金融效率。

传统金融发展理论像金融抑制论抑或金融深化论，着重强调金融发展是经济增长的驱动力量，金融体系发展越好才有利于经济的增长。这不仅体现在金融部门对 GDP 或劳动力层面的影响，更重要的是其在经济系统中发挥的功能。金融部门具有节约交易成本、优化资本配置等一系列作用，金融功能发挥的优劣可以直接影响经济增长的程度及质量。从"金融功能"层面讲，金融部门包含六大核心功能（Merton，1995）。金融部门最原始和基础的功能是社会资金的融通，帮助实体经济在不同的经济主体、不同地区或不同的时期间有效配置资源，帮助当前资金不足的经济个体进行投资或消费选择。在基础功能基础之上，金融部门衍生出了第二层功能：集中资本与分割股份。在一定情况下，资本市场、银行及投资基金能够将小额资金或短期资金集中并解决大额或长期资金的需求缺口。第三层功能是提供清算或结算支付，商品、服务或各种资产交易的功能。这种功能在很大程度上节约了交易成本。第四层功能是提供信息和价格形成，利率、汇率或股票价格均为实体经济发展中投融资或经营决策中的重要变量。第五层功能是分散、转移或管理风险，把风险配置到有承担能力的经济部门或经济主体中。这会使金融体系在完善资金配置能力的同时，降低风险的爆发对经济的冲击。第六层功能是缓解信息不对称带来的逆向选择和道德风险及同时伴随的委托—代理问题。在这六大功能层次之外，金融体系又派生出了额外的两层功能：一是透过金融体系，政府部门宏观的经济调整政策能发挥出杠杆作用；二是金融体系发展能够推动实体经济的公平竞争。当融资变得容易后，创业投资或财富创造将不用依赖内源性资金或自身的财富积累，而主要依靠技术或创造性思维和努力的工作（Calomiris，2011；云鹤等，2012）[123~124]。

对于转轨国家而言，只有在促进实体经济、特别是实体企业创新增长中加快金融改革和创新，提高金融效率，才能真正建立起金融体系对实体经济发展强有力的支持。江春和苏志伟（2013）指出，金融发展相对于企业创新的核心功能在于筛选出最具有创新精神的企业家，并通过有效的资本配置方式来支持企业家的创新和创业活动，实现经济持续增长[125]。那么一个高效的金融市场应该可以为具有企业家精神的企业创新投资过程提供如下服务：筛选企业家、为企业家创新活动筹资、帮助企业家分散风险、对创新活动的预期收益估值等。因此，只有在具有效率的金融市场中，金融发展才能够将金融资源配置到创新效率较高的企业中，有效地缓解企业创新融资约束，提高企业最优的创新规模，在转轨经济国家显得非常重要。

2.1.4 金融发展的动态演化过程

通过前文对现有金融发展理论不同观点的梳理和整合可以发现，金融发展实际存在着一种动态演化过程，对金融发展的理解和认识存在着由数量层面到质量层面的完整变化过程，即金融发展理论在强调金融发展对经济增长的影响时，其关注点经过"金融规模观—金融结构观—金融功能观"的动态演变过程。

戈德史密斯（Goldsmith，1969）指出，金融发展不仅表现为金融资产与机构的增加，又展现为金融结构优化，进而给出了金融相关比率概念，即指出用全部的金融资产除以全部实物资产（国民财富价值）来衡量金融发展程度，尽管也强调了金融结构优化问题，但就其计算指标看，更多地关注了金融总量或者金融规模的扩张，但金融的创新激励与技术进步的作用并没有受重视。随后，在艾伦和盖尔（Allen & Gale，2000）金融比较理论的框架中以金融中介与金融市场主导的金融结构"二分法"研究逐渐流行，这类研究从动员资本稳定经济、获取信息以及控制风险和治理结构的有效性三个层面探究了银行与金融市场主导的金融结构对经济增长关系的影响。林毅夫（2009）、龚强（2014）拓展了金融结构的产业结构决定理论，认为只有金融体系组成与实体经济的结构互为匹配，才能充分发挥金融系统在动员储蓄、配置资金及分散风险层面的功能，为促进实体经济增长、提升金融体系运作的有效特性提供了新思路。默顿和博迪（Merton & Bodie，1995）介绍金融功能的新观点，指出任何金融体系的基础功能，都能在不确定性环境里，在时间或空间上利于经济资源的配置及拓展。贝克和莱文（Beck & Levine，2002）指出，金融发展可以加速经济发展，其作用机制是通过发挥金融体系的功能来逐步完成的。相对于金融机构或金融中介组成来说，金融系统的基本功能保持着相对稳定，很少随时间或空间范围的变化而发生变化（应寅锋，2009）[126]。莱文（Levine，2002）强调金融服务基本职能，进一步将金融体系功能区分成五项子功能：动员储蓄；配置资源；监督管理并改善公司治理；交换、规避、分散和聚集风险；利于商品、服务及金融合约的交换。国内学者林毅夫（2003）把金融功能概括为三个层面，资金动员、资金配置以及分散风险[127]。白钦先（2006）从货币加速价值运动、节约交易成本及风险规避角度，进而扩充到金融功能，将金融功能区分成服务与中介的基本功能，调节经济和规避风险的资源配置核心功能，重组资产、治理公司、资源财富的再分配、信息生产及分配、分散风险等衍生性功能。现有的金融发展理论均强调金融发展对经济增长的重要作用，注重银行主导的金融系统与资本市场主导的金融系统在影响公司治理结构、鼓励创新及甄别或管理创新项目风险、处理信息和分摊风险机制方面存在着功能差别，对其形成的法律渊源（La Porta & Lopez-de-silanes，1997）、社会规范（Coffee，2001）、文化或宗教（Sultz & Williamson，2003）做出了深入机理分析[128~130]。但通常忽略了实体经济的发展、产业结构特征和科学技术水平在世界位置对金融功能升级的需求及与此相适应的制度条件才是金融发展的关键，其核心机制是金融功能层面的拓展及层次升级。

在经济发展水平较低时，金融规模的扩张对经济发展至关重要，这时金融部门动员储蓄的基础功能在经济增长中发挥关键作用，主要表现为信贷规模扩张，银行在这一功能上有明显优势，在金融体系中占优。当经济发展具备一定规模，人均收入水平有了一定提高，产业结构的调整和升级对突破"中等收入陷阱"十分重要时，强调金融结构与实体经济结构匹配，即银行信贷资产在不同规模银行间的分布与产业内不同规模企业的分布匹配，金融资产在银行和股票市场之间的分布与传统产业和新兴产业间的结构匹配就十分重要，这时会要求金融部门将动员储蓄的基础功能拓展到配置资本核心功能、进行功能升级。在这一过程中，随着新兴产业出现或者传统产业的部分核心技术处于世界技术前沿面，实体经济有了规避和分散风险的需求，资本市场开始较快的发展，金融体系规避与分散风险的功能逐步形成；当突破了"中等收入陷阱"步入高收入国家的行业、科学技术前沿处于世界领先水平时，伴随在经济增长中发挥重要支撑影响的新兴产业崛起或传统行业的核心技术掌握能力提升，处于世界前沿面上的突破性创新的极大技术性风险、市场风险及管理风险，需要金融部门扩展重组资产、公司治理、资源财富的再分配、信息生产及分配、分散风险等衍生性功能，在这些功能具有明显优势的资本市场上金融体系中的重要作用加强，地位日渐强化。所以，金融发展由动员储蓄的基础功能—拓展到配置资本核心功能—再拓展到分散风险的衍生功能发挥主导作用的过程，也是金融层次升级的过程，其深化的结果表现为金融量性（规模）增长到质量（效率）提升的动态演化（如图2.1所示）。

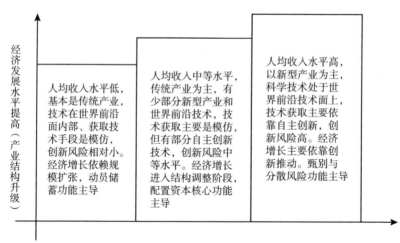

金融功能演进：动员储蓄基础功能—配置资本核心功能—分散风险与派生衍生功能

经济发展（产业结构变化）与金融功能演进（主导金融部门）

金融规模发展————————金融效率提高

图 2.1　金融发展的功能演化

在这一动态演化进程里，法律、政治、文化等制度对大多投资者的激励和保护发挥着重要的作用。不同的法律安排赋予的个人权利相比于政府权力的重要性不同，执法效率不等，影响产权和金融市场发展的程度也不同。中国传统制度残留下的计划权利运行背景，政治功能先于金融功能，具有庞大、广泛、深入性的行政权力，以及历史中长期演化形成的以儒家道德伦理及关系本位为特点的社会性结构或信任结构均能够深深影响从事金融活动个体的行为范式及金融功能的拓展。

2.2　企业创新投资理论

2.2.1　企业创新的内涵

熊彼特（1912）在其论著《经济发展理论》中首次提到了"创新"这一概念，进而开拓了创新理论的研究先驱。熊彼特表明，创新是"建立一种新的生产函数"，即"企业家将生产要素进行新组合"，在生产体系中引入一种从来没使用到的生产要素或生产条件的新的组合。熊彼特认为，实现创新及引进新组合才是企业家的重要职能。熊彼特提到的"经济发展"，可以直接定义为"新组合的执行"[131]。

创新的基本内涵包含五种特定情况：第一，采用新产品——消费者仍不熟悉的产品或产品的一类新的属性。第二，应用新的生产方法，即在相关的制造业领域里尚未通过经验判定的方法，这类新方法不要求凌驾于科学体系中新的发明基础上，可以是存在在商业处理这类产品的新方法之中。第三，拓展新市场，即先前没有进入的市场，无论这个市场以前是否存在。第四，攫取或控制原材料或半制成品的供应源泉，也不考虑这种源泉是否存在，还是首次创造出来的。第五，实现任何工业上的新组织形式，例如，构成一种垄断的地位（托拉斯化），抑或打破这类垄断地位。

熊彼特还表示，创新是经济领域的范畴而非技术领域的范畴，认为发明是形成新工具或新方法，而创新是实施新工具或新方法。另外，他表示发明通常为创新的其中一个特定环节，创新并不一定是新发明，而发明只有当用在经济中带来了利润后才是创新。

进入 20 世纪 50 年代以后，随着微电子技术作为核心特点的新技术革命的蓬勃兴起，如何用技术进步来推动经济的增长，大家开始广泛关注熊彼特的创新理论，进而形成了所谓的"新熊彼特学派"。该学派对技术创新概念的界定分成了六类：一是新思想；二是新思想的引入；三是创造；四是创造介绍；五是同现有观念的区别；六是传统观念的打破，且引进新的观念。作为新熊彼特学派的主要贡献之一是在熊彼特创新理论之上，界定了技术创新理论并开创了研究技术创新的先河。

英国的经济学家兰斯·戴维斯与道格拉斯·诺思，在《制度变革和美国经济增长》（1971 年）一书中将创新理论区分为两个不同学派：技术创新学派（以技术变更与技术拓展作为研究对象）；制度创新学派（以制度的变革及制度的形成作为研究对象）。

进入了 20 世纪 70 年代，研究技术创新理论主要会涉及技术创新理论之基础、起源、过程、决策机理、动力与阻力、环境因素与技术创新的选取或实现问题。新熊彼特学派作为这个时期的主要代表人物还有多西，厄特贝克，弗里曼等人。这个阶段对技术创新的内涵在认识上又有了进步，代表性观点包括：爱德温·曼斯菲尔德表示，技术创新是首次应用一类发明；莫尔表示，技术创新是将技术产品的创始、演化或开发的进程；弗里曼表示，技术创新是指首次引进一种新的产品或新的工艺的过程中所体现的技术设计、财政、生产、管理以及市场等步骤；史东曼表示，技术创新是首次开发科学发明或者研究成果，并最后使用销售手段创造出利润的过程；经济合作与发展组织（OECD）表示，技术创新是改变一种设想，使其成为在工业或者商业过程中销售较好的产品或改良产品；美国国会图书馆的研发部门把技术创新界定为，一个从新产品或者新工艺的商业化，逐步到市场应用的完整程序，包括提出设想、方法研究、商业化生产，最后到扩散这一系列的活动。

从历史或现实经验来看，只有企业才可以成为技术创新的主体。这个观点可以从理论上寻找到拥有说服力的支撑。首先，从供给和需求的角度来分析。企业处于创新技术的需求者，大学或相关的科研机构则是技术的供给方，依照创新流程，大学或政府及科研机构会提供技术，企业则依据发展潜力来评价是否进行深层次研究，最后生产产品投入到市场中。从上述过程发现，距离消费者最近的主体是企业，也最为直接受到市场利益的刺激，有动力且有能力试图掌握消费者的偏好或需求，而大学或科研机构距市场较远，当作为技术创新主体时难免出现激励不足或效率低下的现象。其次，从技术创新的完整流程看，企业内部完成了大部分创新的流程，即企业内部积累了其技术创新所需的许多与产业技术相关知识，由于知识具有局限性，常出现产业或企业专属特征，因此是科研机构很难给予的。上述因素决定了企业才应成为技术创新的载体。另外，从基础性知识转化为应用，还要求具有大量工程化和市场知识，这些知识通常在理论中是寻找不到的，而需要通过实践的积累且投入大量时间和资金后才能获取。如果离开了企业这一载体，技术创新对应的基础条件将消失。最后，需要特别提及的是，作为创新载体的企业是指具有现代企业制度意义上的企业，只有它们才拥有创新动力及创新能力，才能成为创新投入与收益的综合体。

2.2.2 企业创新投资的影响因素

创新投资归于企业投资决策中的组成部分，与企业的基本属性和生产经营状态密切关联。企业的规模是影响研发投资水平的一个重要因素，有些学者表示，大企业具有资产规模或充足资金等方面优势，有能力承担研发带来的高风险性或费用支出（Cockburn，2001）[132]；也有文献表示，小规模企业在投资或生产方面具有灵活性，为了增强市场的竞争力更致力于技术的创新（Kim，2009）[133]。近期也有研究表示，规模与研发的关系要受到生命周期或技术范式等条件的限制（Revilla，2012）[134]。由于研发投资具有周期长或风险大特性，企业的财务状况或盈利能力对其影响较为突出：第一，研发经费在很大程度上来自于利润，只有利润水平较高的企业才会致力于从事研发活动（Ciftci，2011）[135]，当然也有文献发现，企业的利润率与创新投资的相关性并不显著（Coad，2010）[136]；其次，研发投资战略和资本的结构关系紧密，当企业在面临还款压力制约时，会试图通过削减创新投入来缓解财务上的困境（罗绍德，2009）[137]。企业治理决定着运营与生产层面的效率，有关所有权性质和股权的集中度层面对创新投资的影响也存在颇多争议。在股权集中度层面，一些学者表示，大股东比小股东更关注长期投资报酬，因此，股权的集中更利于提高企业的创新投入水平（Kim，2008）；一些研究人员考虑到股东作为投资者的风险规避属性，表示股权越集中的企业创新投资就越少（Tribo et al，2007）[138]。在所有权性质层面，一些文献表示，国有企业在制度或政策上具有优势，能够获取行业的垄断势力，因此在技术创新体系里多扮演着重要的角色（Zeng & Lin，2011）[139]；也有部分文献表示，私营企业在经营和生产中拥有较大的灵活性及治理效率，进而比国有企业具有更强的创新动力来源（冯根福和温军，2008）[140]。另外，从微观层面来说，创新投入还与企业的技术能力、年龄、地理位置等影响因素密切的关联（Abdel-moula & Etienne，2010）[141]。

企业的集合构成了生产同类型产品或提供同类型服务的行业，企业的创新行为也体现了行业特征，而市场结构、市场需求等特性则是影响企业的创新行为的重要因素。市场的需求是促进企业技术创新投资的主要动力，新产品需求量的上升有助于提高创新的预期收益，减少创新投资的风险性，进而有利于提高企业创新投入（Lee，2003）[142]。根据产业组织理论当中的 SCP 范式，市场结构影响企业的行为，广泛探讨市场集中度和企业的创新强度间的关系，但来自不同的市场环境的实证结论存在差异，部分的研究表示，垄断企业具有更强的创新激励（Blundell et al，1999）[143]。另一部分研究表示，市场势力造成了企业的创新动力缺乏，还进一步证实了二者出现的倒 U 形关系（Hoppe，2003）[144]。行业的创新分布与企业研发活动强度间存在密切关联，但在现有研究中却很少提及，李和嘉松（Lee & Jaesun，2009）构建了包含行业研发的专用性、研发的集中度及技术机会的研发决策模型，指出行业间的研发分布的特征越不对称，企业的研发强度则越大[145]。由于创新投资存在的外部性和不确定性，理论上政府补贴可以克服市场失灵，各国政府也都采取了创新激励手段或政策引导企业从事创新活动，结果也表明，无论是税收减免抑或政府财政补贴，对企业的创新投资水平都产生了积极的促进作用。

2.3 金融发展与企业创新投资的关系

2.3.1 金融发展与企业创新投资

连接金融发展和企业创新投资相关关系的重要因素就是创新投资的融资约束。企业从事创新投资活动时，当使用外部的资金和内部的资金的成本存在差异，即被认为出现了融资约束。若内外部的资金成本差距较大，融资约束程度就会越大。而创新投资的特殊性质、代理冲突问题和信息不对称性是产生融资约束的根源（杨伟，2012）[146]。

与一般性投资差异，创新投资拥有两个主要的特征：一是形成的主要是无形资产；二是产出的高度不确定性。这两个属性决定了企业创新融资过程中，外部投资者要求额外的风险补贴，进而放大了融资成本。在创新投资中，一半甚至更多的开支用于清偿工程师或科学家的工资。专有知识属于创新投资能够形成的重要无形资产。若技术员工变动，这些资产也将随着消失。这使得企业创新投资的沉没成本巨大，一旦创新失败，清算成本同样极高，从而放大了投资风险性。进行创新的外部融资时，在市场价格机制基础上，投资者将要求一个风险溢价来实现收益和风险的平衡性。对于创新投资的产出不确定性来说，其随着项目的演变而产生动态变化，因此无法利用风险的调整方式对创新项目收益进行测算，这也是外部投资者索要风险溢价的重要原因。

不完全市场中任何投融资活动都将面临的一个严峻问题就是信息不对称，创新活动的不确定性使得信息不对称的程度尤其严重。在创新投资的内容或成功的可能性层面，企业通常比个体投资者拥有着更完备信息。一个长期研发投资项目与一个短期或较低风险的项目相比，外部投资者常常难以区分它的好坏。在获得正常回报之外，投资者会要求一个额外的"柠檬"溢价补偿，这增加了创新项目的融资成本。因此，完善信息披露制度是解决信息不对称的重要途径，但由于存在模仿行为，竞争对手获得创新投资的信息披露带来的影响会降低创新者的创新动机，进而使信息缺口难以解除。

出现代理冲突现象将从两个层面引发外部创新融资成本的增加：一是外部投资者有不断怀疑经营者为了自身牟利而做出有损于股东权益的经营决策，进而可能索取额外的代理成本，提高了外部的融资成本水平；二是投资者会否定经营者从事长期的创新投资，因为创新投资的不确定程度和风险更大。

基于上述原因，在宏观层面上，金融发展是影响创新融资约束程度的重要因素，它可以通过缓解企业或经济体的外部融资约束来促进创新投资水平。现有的金融体系主要区分为两类：以市场为基础的金融体系（其中以美英等国作为代表）和以银行为基础的金融体系（其中以德国等大陆国家作为代表）。巴加特和韦尔奇（Bhagat & Welch, 1995）对日、德、美、英、法等经济体的实证研究表示，在市场为基础的金融体系中，企业的创新融资约束水平要高于以银行为基础的金融体系[147]。相对这一现象的解释，在以银行为基础的金融体系里，企业可以更多地获取关系融资（relationship financing），因而有助于为企业创新活动筹集资金。

2.3.2 金融发展与企业两阶段创新投资

由于企业的创新投资过程存在融资约束问题，使得外部金融发展水平可以直接作用到企业的创新投资水平，但企业创新投资具有阶段性特征（决策阶段和投资阶段），因此，需要强调的是，金融发展程度可以对企业的两阶段创新过程均产生显著的影响。

由于企业技术创新投资过程具有信息不对称和高风险性等特性，因而其创新投资的两个阶段都会受制于外部融资约束水平。一方面，由于企业创新投资决策结果的不确定性加剧了其风险程度，且创新投资作为一类无形资产投资不能被用于融资抵押，在金融市场发展不健全的情况下，金融部门通常不具备评价一项新创新投资决策是否能对企业未来发展及盈利产生积极影响，进而使得企业创新融资能力受到制约，因此，企业积极进行创新决策的倾向会降低且从事创新活动的企业也会变得不稳定。另一方面，当金融发展程度较低时，企业的创新融资成本也会随之提高，甚至可能高于创新投资的预期盈利水平，同时企业也不能够对自己未来可能面临的融资约束情况做出清晰判断，再加上我国企业的盈利能力不足导致的内部现金流水平较低，使得融资约束程度更为突出，进而会进一步削弱企业的创新投资水平。

2.4 本章小结

本章首先沿着金融发展与产业结构关系的视角构建了金融发展理论的内涵以及剖析了金融发展中的功能升级演化路径和层级提升要求。认为，在经济发展水平较低时，金融规模的扩张对经济发展至关重要，金融部门动员储蓄的基础功能在经济增长中发挥关键作用，主要表现为信贷规模扩张，银行在这一功能上有明显优势。当经济发展具备一定规模，人均收入水平有了一定提高时，开始强调金融结构与实体经济结构匹配，即银行信贷资产在不同规模银行间的分布与产业内不同规模企业的分布匹配，这时会要求金融部门将动员储蓄的基础功能拓展到配置资本核心功能、进行功能升级。当突破中等收入陷阱进入高收入国家行业、科学技术居世界领先地位时，随着在经济增长中起主要支撑作用的新兴产业崛起或传统产业核心技术掌控能力的增加，基于世界前沿面上的突破性创新的巨大技术风险、市场风险和管理风险，要求金融部门拓展公司治理、资产重组、财富再分配、资源再配置、风险分散、信息生产与分配等派生或衍生性功能，在这些功能上有明显优势资本市场在金融系统中的重要作用凸显，地位日趋重要。所以，金融发展由动员储蓄的基础功能—拓展到配置资本核心功能—再拓展到分散风险的衍生功能发挥主要作用的过程，也是金融层次不断升级的过程，其深化的结果表现为金融量性（规模）增长到质量（效率）提升的动态演化。其次，沿着金融发展理论的脉络发展，对金融发展过程中的规模论、结构论、功能论进行了理论和前沿研究梳理。再其次，对企业创新投资的基本理论内涵和影响因素进行了分析。最后，对金融发展和企业创新投资存在的内在关系进行了概括介绍。

金融发展对企业创新投资影响边界效应的理论建模

本章旨在通过构建金融发展对企业创新投资阶段影响边界的数理模型，探究金融规模门槛和金融效率门槛对企业创新决策和创新投资水平的影响机理，并从理论上提出金融发展影响边界的存在性。首先，通过借鉴菲利普（Philippe，2010）的长短期投资差异与经济增长和经济波动关系的影响模型，引入金融市场不完全条件下的融资约束对企业外部创新融资的影响因素，发现金融规模发展不足或过度发展，金融效率较低伴随的金融衍生功能缺失都会降低企业长期投资成功的可能性，阻碍企业家更多地将短期投资转换为长期创新投资，减少企业做出创新投资决策。其次，通过借鉴阿吉翁和豪伊特（Aghion & Howiit，1998）构建的包含资本积累影响的内生经济增长模型，引入金融发展程度对企业创新投资水平的影响，发现金融规模偏离较优水平或者金融效率低下，金融部门不能将资本以较低成本配置到创新企业中，制约企业创新资本投入品的可获得数量，进而降低了企业的创新投资水平。

3.1 金融发展对企业两阶段创新投资影响的边界

根据金融发展理论的演化脉络分析可知，经济体金融发展的程度不仅取决于经济体金融规模的大小，而且还取决于金融效率（功能）的高低，且二者对金融发展程度影响机理不同。因此，不妨假定：$\mu = (\varphi_1, \varphi_2)$，其中，

μ 表示经济体的金融发展程度，φ_1 表示经济体金融规模，φ_2 表示经济体金融效率。

根据金融抑制论/金融深化论和金融过度论可以认为，当且仅当 $\varphi_1 \in (\underline{\varphi_1} \ \bar{\varphi_1})$ 时，金融规模对经济体外部经济发展产生正向促进，可以有效缓解经济体的融资约束，促进金融资本向投资的转换并与实体经济相匹配，此时 μ 随着 φ_1 的增长表现为递增函数。而低于或超过这个边界值的金融规模均不能有效参与实体经济活动，甚至负向影响经济增长，视为无效的金融发展，此时 μ 较低（不妨简单视为趋于 $\mu \to 0$），外部融资约束程度较大；根据金融功能论可以认为，当且仅当 $\varphi_2 > \underline{\varphi_2}$ 时，经济体金融效率较高，金融功能较为健全，金融部门在完善动员储蓄的基础功能上，优化资本配置功能，进而逐渐发挥出风险分散的高层次衍生功能。此时，μ 随着 φ_2 的增长表现为递增函数。而低于这个边界值的金融效率不能有效促进金融资本向实体经济的转化，同样不利于经济增长，视为较低的金融发展程度，此时 μ 较低（不妨简单视为趋于 $\mu \to 0$），外部融资约束程度较大。

由于创新投资是影响经济增长的重要因素，因此，金融发展的边界值可能通过作用于创新投资这一重要途径来影响经济增长，经济增长的变化可能是这一影响结果的一种宏观反应。由于企业技术创新投资具有高风险性和信息不对称等特点，因而其投资过程总会受到外部融资约束的制约。在金融市场不完备情况下，企业通常不能够对自己未来可能面临的融资约束情况做出清晰的判断。同时，在金融功能缺失的条件下，企业的外部资金供给者（尤其是金融部门）也会因其风险程度较高而降低投资意愿，使得融资约束矛盾特征更加突出。另外，创新投资决策结果的不确定性更使其风险加剧，且创新投资作为无形资产投资不能用于融资抵押，金融部门也通常不具备评价一项新研发产品或新生产工艺对企业未来发展影响的专业技能知识，最终使得企业可获得创新融资的能力受到很大制约，导致企业的技术创新投资倾向（决策过程）和创新投资水平会发生变化和偏差（扈文秀等，2009）[148]。莫南和特里恩（Mohnen & Therrien，2002）进行的实证研究发现，由于存在融资约束，企业技术创新项目的投资倾向明显降低。加拿大企业平均下降了18.7%，而德国制造业企业的创新投资倾向降幅平均达 22.4%[149]。我国当前处于转轨经济时期，企业所面临的资本市场发展滞后、企业的盈利能力不足、财务费用比例过重，均造成了企业内部现金流量水平低，进而企业创新投资过程与外部融资情况的可获得性密切相关。因此，金融发展程度直接对企业的创新投资阶段产生重要影响。王昱（2014）使用中国工业企业创新投资数据实证发现，金融部门效率低下引起的资本错配行为不能有效增加从事创新决策企业的数量以及不能有效促进私企和中低技术企业的创新投资水平，且使得进行创新决策的企业数量出现较大波动性。但由于金融发展促进经济增长本身存在有效的边界问题，因此，金融发展影响企业创新投资不同阶段同样会存在相似的影响边界问题，下文会通过构建数理模型以及实证模型进行机理分析和实证检验。

3.2 金融发展对创新决策阶段影响边界效应的建模

3.2.1 模型假设

假定经济体存在单一类型的可以跨期生存的企业家，且每一位企业家可以生存三期，在每一期被赋予一单位劳动力。另外，经济体存在单一类型的消费品和两种不同类型的资本品（Philippe，2010）。

考虑一位在 t 时期出生的企业家，他的劳动禀赋可以记作 H_t，用于衡量企业家在从事生产活动时所获得的人力资本、技术以及其他专有能力等的储量。为简化分析，假定劳动禀赋固定不变并外生于其生产选择。同时，H_t 的增长率依赖于经济体跨期溢出效应的一般均衡，类似于卢卡斯（Lucas，1988）。最后企业家的效用函数给定为：

$$U_t = C_{t,t} + \beta C_{t,t+1} + \beta^2 C_{t,t+2} \tag{3.1}$$

其中，$C_{t,t+n} \geq 0$ 记作企业家在 $t+n$ 期的消费水平，$n \in \{0, 1, 2\}$，$\beta > 0$ 记作贴现因子。

在企业家生命周期中的第 1 期（即 t 期），其使用两种 CRS 技术，可以用于在两种类型资本品之间进行有效劳动分配。在随后两期，企业家便不能够再使用这种资本生产技术，但其可以在其他类型的 CRS 技术下使用资本产品储量和劳动禀赋生产消费品。特别地，两种类型的投资在 t 期需要被合理分配，且随后不能被再次调整，但是一种类型的资本品在 $t+1$ 期便可以获得产出，而另一种类型的资本品在 $t+2$ 才可以获得产出。本书将这两种类型的资本品分别定义为短期投资和长期投资，下文将进行详细描述。

考虑第 1 期关于资本品的生产。劳动是资本品生产的唯一投入品，且CRS 假设指相应的生产函数具有线性特征。假定生产短期资本品技术为 $K_t = \theta_{k,t} H_{k,t}$，其中 $H_{k,t}$ 为分配给这种技术的有效劳动数量，$\theta_{k,t}$ 为相应的劳动生产率，K_t 为短期资本品的生产数量。同样地，假定生产长期资本品技术为 $Z_t = \theta_{z,t} H_{z,t}$，其中 $H_{z,t}$ 为分配给这种技术的有效劳动数量，$\theta_{z,t}$ 为相应的劳动生产率，Z_t 为长期资本品的生产数量。如果将外生冲击对生产率的影响分离出来，则不失一般性，可以假定 $\theta_{k,t} = \theta_{z,t} = \theta > 0$。

进一步，考虑消费品的生产。由于短期投资仅使用第 1 期时间便可以产出消费品，因此，在 t 期出生的企业家在 $t+1$ 期生产的消费品的数量为

$$Y_{t,t+1} = A_{t+1} F(K_t, H_t) \tag{3.2}$$

其中，A_{t+1} 为外生生产率冲击，K_t 为短期资本品储备量，H_t 为有效劳动，F 为新古典生产函数，并假定其为柯布道格拉斯（C–D）形式：$F(K, H) = K^\alpha H^{1-\alpha}$，$\alpha \in (0, 1)$。

另外，长期投资需要消耗额外的一个时期才能获得消费品的产出，在这个时期里，企业家需要面临一个特殊的流动性风险（liquidity risk）。在 $t+1$ 时期，企业家会受到这种冲击，记作 $L_{t+1} \geq 0$。这种冲击构成了一份随机开支（可以用消费品的数量来衡量），企业家必须应对这个冲击使得长期投资顺利进行。如果企业家能够偿清这个支出，其便可以在 $t+2$ 时期生产出如下数量的消费品：

$$Y_{t,t+2} = A_{t+2} F(Z_t, H_t) \tag{3.3}$$

其中，A_{t+2} 为外生生产率冲击，Z_t 为长期资本品储备量，H_t 为有效劳动。如果企业家没有偿付流动性开支，长期资本便会作废，进而 $t+2$ 时期的产出为 0。因此，本书称这种状态为对企业家长期投资的清算（liquidation）。

本书进一步假定，如果企业家在 $t+1$ 时期能够应对流动性冲击，则其在 $t+2$ 时期可以重新获得前期支出的费用，即如果在 $t+1$ 时期支付了 L_{t+1}，则其在 $t+2$ 时期得到 $\beta^{-1} L_{t+1}$。这个假设可以保证流动性冲击不会影响企业家长

期投资的净现值，这样流动性冲击只能影响企业家总成本和收益的跨期形式。因此，我们可以把 L_{t+1} 看作是净流动性冲击，当金融市场具有完备性时，其不会对均衡配置产生影响，但金融市场不完备性时，便会产生重要的影响。

经济体的金融结构可以定义如下，首先，企业家可以交易一种短期无风险债券。其次，企业家在 $t+1$ 时期或 $t+2$ 时期可以获得的外部融资不能超过同期收入的一个乘数 $\mu(\mu \geqslant 0)$，其数值取决于经济体外部金融发展的程度。不同于菲利普（Philippe，2010），本书还对经济体外部金融发展程度进行了进一步定义，即 $\mu = (\varphi_1, \varphi_2)$，其中 μ 表示经济体的金融发展程度，φ_1 表示经济体金融规模，φ_2 表示经济体金融效率，具体如图3.1所示。

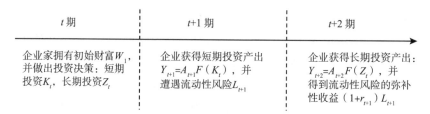

t 期	$t+1$ 期	$t+2$ 期
企业家拥有初始财富 W_1，并做出投资决策：短期投资 K_t，长期投资 Z_t	企业获得短期投资产出 $Y_{t+1}=A_{t+1}F(K_t)$，并遭遇流动性风险 L_{t+1}	企业获得长期投资产出：$Y_{t+2}=A_{t+2}F(Z_t)$，并得到流动性风险的弥补性收益 $(1+r_{t+1})L_{t+1}$

图3.1　企业不同类型投资周期

进一步，我们可以来定义企业家各期的预算和信贷约束。对于第1期来说：

$$C_{t,t} + q_t(K_t + Z_t) = q_t \theta H_t + B_{t,t}, \quad B_{t,t} \leqslant \mu q_t \theta H_t \qquad (3.4)$$

其中，$C_{t,t}$ 是企业家第1期的消费量，q_t 为资本商品在 t 期的单位价格，$q_t(K_t + Z_t)$ 表示其购买的资本商品的总量，$B_{t,t}$ 表示其在 t 期的信贷总额，$q_t \theta H_t$ 表示其生产和销售资本品所获得的收入。对于第2期来说：

$$C_{t,t+1} + L_{t+1}e_{t,t+1} = Y_{t,t+1} + B_{t,t+1} - (1+R_t)B_{t,t}, \quad B_{t,t+1} \leqslant \mu Y_{t,t+1} \qquad (3.5)$$

其中，$C_{t,t+1}$ 是企业家第2期的消费量，L_{t+1} 为流动性冲击，$e_{t,t+1}$ 为指标函数，若企业家能够偿付流动冲击，其数值为1，否则为0。$B_{t,t+1}$ 表示其在 $t+1$ 期的信贷总额，$Y_{t,t+1}$ 为其短期投资收益，R_t 为 t 期到 $t+1$ 期的无风险利率。在第3期，企业家不能获得贷款，因为其生产活动将会终结，其预算约束形式为：

$$C_{t,t+2} = (Y_{t,t+2} + \beta^{-1}L_{t+1})e_{t,t+1} - (1+R_{t,t+2})B_{t,t+1} \qquad (3.6)$$

其中，$C_{t,t+2}$是企业家第 3 期的消费量，$Y_{t,t+2}$ 为其长期投资收益，$\beta^{-1}L_{t+1}$ 为前期关于流动性风险的补偿。

假定流动性冲击随着 H_t 等比例增长，这样经济体会遵循一种平衡增长路径，流动性风险对其影响也不会随着经济增长而消失。令 $l_{t+1} \equiv L_{t+1}/H_t$，记作标准化的流动冲击水平，且假定 l_{t+1} 分布不随时间发生改变，$l_{t+1} \in [0, l_{max}]$，Φ 为其分布函数。流动性冲击的最大值假定超过 $A_{max}F(\theta, 1)$，其中 A_{max} 为最大生产率，这个假设表明，若金融发展程度足够低（μ 足够小），则企业家不能支付最大流动性冲击。其分布函数的形式给定为 $\Phi(l) = (l/l_{max})^{\phi}$，$l < l_{max}$；$\Phi(l) = l$，$l \geqslant l_{max}$。

最后，需要对本部分提到的一些基本概念给予解释和界定。第一，两种类型的投资内涵。短期投资可以认为是将资金投入到现有企业中，维持现有设备进行生产等，而有助于提高生产率的长期投资可以被认为是建立新型企业，学习新技术并进行创新投资。第二，流动性冲击意味着企业家因采用新技术而需要支付的额外成本。第三，长期投资类似于无形资产投资且不可抵押，因此会受到流动性冲击的制约。

3.2.2　模型构建及求解

3.2.2.1　金融市场完全条件下的模型构建

假定金融市场具有完备性，且考虑一位在 t 期出生的企业家。由于其可以在第 2 期获得足够贷款，因此其一定可以有足够的资金来支付流动性冲击。由于线性偏好特征，均衡利率为 $R_t = \beta^{-1}$。进一步，企业家的效用函数确定如下：

$$U_t = C_{t,t} + \beta C_{t,t+1} + \beta^2 C_{t,t+2} = q_t(\theta H_t - K_t - Z_t) + \beta(Y_{t,t+1} - L_{t+1})$$
$$+ \beta^2(Y_{t,t+2} + \beta^{-1}L_{t+1}) = q_t(\theta H_t - K_t - Z_t) + \beta A_{t+1}F(K_t, H_t)$$
$$+ \beta^2 A_{t+2}F(Z_t, H_t) \tag{3.7}$$

进而，企业家的最优问题被转换如下：

$$\max_{K,Z} E_t[\beta A_{t+1}F(K_t, H_t) + \beta^2 A_{t+2}F(Z_t, H_t) - q_t(K_t + Z_t)] \tag{3.8}$$

令 $k_t \equiv K_t/H_t$，$z_t \equiv Z_t/H_t$，记作标准化的短期和长期投资水平，则最优问

题可以被重新定义如下：

$$\max_{k,z} E_t \left[\beta A_{t+1} f(k_t) + \beta^2 A_{t+2} f(z_t) - q_t(k_t + z_t) \right] \tag{3.9}$$

由于函数 f 凹向原点（$f' > 0 > f''$，$f'(0) = \infty$，$f'(\infty) = 0$），对于给定的 q_t，对上式求一阶导变为：

$$\beta E_t \left[A_{t+1} f'(k_t) \right] = q_t，且 \beta^2 E_t \left[A_{t+2} f'(z_t) \right] = q_t \tag{3.10}$$

由此可知，企业家两种类型投资的边际成本（q_t）等于预期边际收益。在均衡状态下，价格将会进行调整使得企业家对资本品的额外需求为 0，即 $k_t + z_t = \theta$。因此，式（3.10）中的投资均衡组成也可以写成如下形式：

$$E_t \left[A_{t+1} f'(\theta - z_t) \right] = \beta E_t \left[A_{t+2} f'(z_t) \right] \tag{3.11}$$

式（3.11）也表明，长期投资的边际价值等于其机会成本。

3.2.2.2　金融市场不完全条件下的模型构建

现在补充考虑金融市场存在不完备性时对投资组成的影响。线性偏好依然使得 $R_t = \beta^{-1}$，但是企业家消费的时机和信贷形式将会发生改变。特别地，由于不能够偿付流动性冲击的可能性大于 0，企业家将会调整其最优消费时间，在第 1 期最小化消费为 0，以便在第 2 期最大化可以获得的资金数量，降低流动性冲击的可能性。当且仅当 $L_{t+1} \leqslant X_{t+1}$ 时，企业家可以偿付流动性冲击，进而得到：

$$X_{t+1} \equiv (1 + \mu) Y_{t,t+1} + R_t q_t (\theta H_t - K_t - Z_t) \tag{3.12}$$

式（3.12）表示企业家在 $t+1$ 期可以获得的流动性总额，组成包括当前收入，最大借款数额以及前期销售完资本品的储蓄净额。进一步，企业家的效用函数可以确定为如下形式：

$$U_t = C_{t,t} + \beta C_{t,t+1} + \beta^2 C_{t,t+2} = q_t (\theta H_t - K_t - Z_t) + \beta A_{t+1} F(K_t, H_t)$$
$$+ \beta^2 A_{t+2} F(Z_t, H_t) e_{t,t+1} \tag{3.13}$$

其中，如果 $L_{t+1} \leqslant X_{t+1}$，则 $e_{t,t+1} = 1$；如果 $L_{t+1} > X_{t+1}$，$e_{t,t+1} = 0$。令 $x_{t+1} = X_{t+1}/H_t$，企业家的最优问题可以转换为：

$$\max_{k,z} E_t \left[\beta A_{t+1} f(k_t) + \beta^2 A_{t+2} \lambda_{t+1} f(z_t) - q_t(k_t + z_t) \right] \tag{3.14}$$

其中，$\lambda_{t+1} \equiv \Phi(x_{t+1})$，表示企业家有足够的资金支付流动性冲击的可能性。那么，$1 - \lambda_{t+1}$ 表示企业家所面临的流动性风险，即长期投资由于资金不足而失败的可能性。式（3.14）对于 k_t 和 z_t 的一阶导分别为：

$$\beta E_t [A_{t+1} f'(k_t)] + \beta^2 E_t \left[\frac{\partial \lambda_{t+1}}{\partial k_t} A_{t+2} f(z_t) \right] = q_t \qquad (3.15)$$

$$\beta^2 E_t [\lambda_{t+1} A_{t+2} f'(z_t)] + \beta^2 E_t \left[\frac{\partial \lambda_{t+1}}{\partial z_t} A_{t+2} f'(z_t) \right] = q_t \qquad (3.16)$$

结合式（3.15）和式（3.16），可以得出两类投资之间的关系：

$$E_t [A_{t+1} f'(k_t)] = \beta E_t [(1 - \tau_{t+1}) A_{t+2} f'(z_t)] \qquad (3.17)$$

$$\tau_{t+1} \equiv (1 - \lambda_{t+1}) + \left(\frac{\partial \lambda_{t+1}}{\partial k_t} - \frac{\partial \lambda_{t+1}}{\partial z_t} \right) \frac{f(z_t)}{f'(z_t)} \qquad (3.18)$$

由此可以发现，相比于金融市场完备情况下的套利条件，两种类型的投资关系等式中多了一项 τ_{t+1}，其类似于在长期投资收益中征收了一份"税收"，用于区别引入金融摩擦对于长期投资的影响。τ_{t+1} 中包含了两项，第一项表示投资失败的可能性，第二项表示投资结构中由长期向短期转换时这种可能性的边际变化，其强调了流动性风险的内生特征。当 $x_{t+1} > l_{max}$ 时，即企业家拥有足够资金来应对流动性风险，这两项便为 0；当 $x_{t+1} < l_{max}$ 时，失败的可能性便大于 0。

本书在这一部分的主旨是要研究金融发展程度对两类投资组成的影响，因此，我们要进一步分析金融发展程度对 τ_{t+1} 的影响。将式（3.18）中的第二项分解得到：

$$\frac{\partial \lambda_{t+1}}{\partial k_t} - \frac{\partial \lambda_{t+1}}{\partial z_t} = \Phi'(x_{t+1})(1 + \mu) A_{t+1} f'(k_t) > 0 \qquad (3.19)$$

式（3.19）表示，如果将资本从长期投资更多地转换成短期投资，则失败的可能性会减少，原因为短期投资的增加会提高企业家在 $t+1$ 期获得的流动性。进而，当 $x_{t+1} < l_{max}$ 时，τ_{t+1} 必然大于 0。在此基础上，我们来看经济体金融发展程度 μ 对 τ_{t+1} 的影响。由式（3.19）可以发现，这种影响主要体现在 μ 对投资成功可能性概率 λ_{t+1} 的影响上。

$$\frac{\partial \lambda_{t+1}}{\partial \mu} = \Phi'(x_{t+1}) \frac{\partial x_{t+1}}{\partial \mu} = \Phi'(x_{t+1}) A_{t+1} f(k_t) > 0 \qquad (3.20)$$

式（3.20）表明，随着金融发展程度 μ 的增加，长期投资成功的可能性也随之增加，进而对长期投资的"税收" τ_{t+1} 产生影响，最终导致资本在两种类型的投资配置之间产生差异。

另外，由于金融发展程度 μ 是金融规模 φ_1 和金融效率 φ_2 的函数，进而二者通过影响经济体金融发展程度影响了两种类型的投资资本配置。具体而言，当 $\varphi_1 \in (0, \underline{\varphi}_1) \cup (\bar{\varphi}_1, \infty)$ 或者 $\varphi_2 \in (0, \underline{\varphi}_2)$ 时，经济体金融发展程度较低（$\mu \to 0$），此时长期投资成功的可能性较低，进而企业家会将长期投资更多转换成短期投资，外在表现形式即为不进行长期投资决策。当 $\varphi_1 \in (\underline{\varphi}_1, \bar{\varphi}_1)$ 或者 $\varphi_2 \in (\underline{\varphi}_2, \infty)$ 时，经济体金融发展程度逐渐改善，此时长期投资成功的可能性提高，最终企业家将更多地将短期投资转换为长期投资，提高生产率水平，外在表现形式即为企业做出更多的长期投资决策。

3.2.3 影响的边界效应分析

3.2.3.1 金融规模对企业创新决策影响的边界效应

巴拉哈斯（Barajas，2012）将金融可能性边界视为金融发展受约束的最优水平，认为深度不足、过度扩展的金融体系都可能会严重缩小可用的政策空间、并阻碍传导渠道。随后，松和尼维卡（Siong & Nirvikar，2014）、贝克（Beck，2014）等通过对世界不同发达和发展中国家的实证研究发现，只有在一定的边界区间内的金融发展才会对经济增长起到促进作用，而没有达到最低边界、金融发展不足，或者超过最高边界、金融发展过度都不能显著促进经济增长甚至会负向影响经济增长[150~151]。

结合本书构建的金融发展对企业创新决策影响的数理模型，可以做出如下分析：当金融规模低于一定的边界，企业将面临比较严重的外部融资约束，一方面，在流动性匮乏背景下，企业会积极凭借自己的特殊优势来干预金融部门的资源流向，形成国有企业以政府或国家隐性担保形式的挤出效应，进而造成金融资本流入到效率较低而安全性较高的国有企业或国家政策性生产领域中（王勋，2013）[152]；另一方面，在企业创新投资高风险特征下，资金供求缺口又与金融部门的损失厌恶原则存在根本性冲突，流动性冲击很大，企业家预期下一期能够获得支付流动性冲击的可能性较低，即 λ_{t+1} 较低。加上金融部门缺乏专业性人才，不能真正甄别其发展潜力，进而不足以进入企业的创新投资领域（Allen，2002）。在这种金融发展的低级阶段，企业创新投资面临的不确定性和约束程度较大，不利于企业做出创新投资决策。此时，金融部门更重要的作用是动员储蓄扩展规模，在规模上缓解融资约束。

当金融规模超过一定边界，金融发展就不会立足于服务实体经济功能提升带来的效率提高，而是强调金融市场、金融机构以及金融业精英们对经济运行和经济管理制度的过度控制，则必然助长企业追求短期的投机盈利、而不是谋取创新与技术进步带来的公司长期稳健成长。此时，企业创新投资虽然可能带来高收益，但是周期较长风险较大，况且其收益仍然会低于金融资本脱离实体经济在虚拟领域里过度投机带来的增值幅度和速度，金融部门过度多样化，同时加大了对实体经济风险管理的难度、不稳定性和金融泡沫化程度，进而过度发展的金融体系实际相当于争夺了企业创新投资所需要的金融资本，依然对其产生挤出效应，导致 λ_{t+1} 较低，最终不利于企业进行创新决策（张晓朴和朱太辉，2014）[153]。因此，主要依靠动员储蓄的基础功能，依赖金融规模扩张的金融发展对企业创新投资决策阶段可能存在双门槛的边界效应影响。

3.2.3.2 金融效率对企业创新决策影响的边界效应

金融规模论下的量性增长并不能自动引发金融效率的提高，而在金融推动经济发展的进程中，金融效率发挥着关键的作用，金融效率的高低程度决定了金融发挥作用的功能和作用强弱，进而在很大程度上决定了整个经济效率的大小。对于转轨国家来说，更是要求在促进实体经济，尤其是实体企业创新不断增长中来提高金融效率，才能真正意义上建立起金融系统对实体企业创新投资的强有力的保证制度。

随着金融资本配置效率的提高，金融功能随之逐步完善，金融业技术处于世界前沿技术面上。此时，由于创新投资具有不确定性和高风险性，金融部门除充当储蓄者和投资者的桥梁职责之外，还必须深入到研发部门（项目）承担风险资本家的职能，通过对企业家的技术创新能力进行有效事前评估，防止企业家欺骗行为且对投资项目进行监督；通过完善金融市场加大企业欺骗资金所有者的成本；缓解融资约束促进企业长期投资（创新与技术进步投资）提高研发部门的创新能力和技术进步效率进而加速经济增长。当金融部门动员储蓄基础功能拓展到配置资本核心功能，进一步拓展到分散风险与高层次衍生功能的过程中（表现为 φ_2 逐渐增大的过程），可以有效增强资金供给者风险投资信心、降低信息成本进而提高资本资产的转化效率（Alessandra，2008；应展宇，2010），最终企业家做出更多创新决策[154]。

在金融效率处于较低水平时，金融发展存在功能缺失，包括技术前沿落后、先进管理经验引进不足且规模偏离最优规模较远，最终导致金融发展程度较低（μ 较低）。在低风险领域（如短期投资领域），金融部门可以简单发挥出动员储蓄和资本配置的核心功能。但区别于生产性投融资，创新投资风险较高以及周期较长，还要求一个高效的金融市场能够为具有企业家精神的企业创新过程发挥更高层次的衍生功能，包括甄别筛选企业家、为企业家的创新活动融资、帮助企业家分散风险、对创新活动的预期收益进行评估等。此时，金融部门会尽量规避将资金投向高风险的创新领域，企业家也预期在未来面对流动性冲击的情况下，可以获得的补偿流动性风险的资金数量有限，长期投资成功的可能性 λ_{t+1} 下降，表现为低效金融发展不能有效促进企业家的创新决策过程。

因此，在金融总量适度的前提下，金融部门自身技术进步推动的功能提升和效率改善可以优化金融发展对企业创新投资决策的促进能力。反映金融功能的效率特征只有达到一定临界水平（即 $\varphi_2 > \varphi_2^*$）时才能有效实现金融资金向研发部门的转换并促使企业家做出更多创新投资决策，进而提高实体经济创新投资水平。

3.3 金融发展对创新投资阶段影响边界效应的建模

3.3.1 模型假设

关于金融发展对企业创新投资阶段的影响，本书在借鉴阿吉翁和豪伊特（Aghion & Howiit，1998）构建的包含资本积累在内的内生经济增长模型框架下，进一步考虑金融发展（金融规模和金融效率）对企业创新投资水平的影响。

假定存在单一的最终产出品，其在完全竞争条件下由劳动力和连续的中间产品生产而出，函数形式如下：

$$Y_t = \int_0^1 A_{it} F(x_{it}, L) \, \mathrm{d}i \qquad (3.21)$$

其中，Y_t 是 t 期总产出，L 是用于生产最终产品的劳动力数量，x_{it} 表示中间产品产出，$i \in [0, 1]$。A_{it} 为最新中间产品 i 的生产率。$F(\cdot)$ 表示规模收益不变、凹向原点的生产函数。假定 $F(0, L) \equiv 0$ 且函数具有如下性质：

$$2F_{11}(x, L) + xF_{111}(x, L) < 0, \quad 对于 x, L > 0 \qquad (3.22)$$

式（3.22）可以保证中间生产者的边际收益是其产出品的递减函数。假定生产函数为特定的 C–D 形式，即 $F(x, L) \equiv x^\alpha L^{1-\alpha}$，$0 < \alpha < 1$。

最终产出品可被用于消费、用作资本品或用于研发投资使用，中间产品的生产仅使用到资本投入品，其生产函数形式为：

$$x_{it} = K_{it}/A_{it} \qquad (3.23)$$

其中，K_{it} 是第 i 个部门的资本投入品，式（3.23）表示使用不断增加的资本技术（A_{it}）来连续生产中间产品。创新投资目标在于改进中间产品，使得创新者可以替代在位垄断生产商，直至下一代创新成功为止。在位垄断者的成本函数为 $\varsigma_t K_{it} = \varsigma_t A_{it} x_{it}$，资本成本 ς_t 由利率（r_t）加上折旧率（δ）减去资本补贴率（β_k）组成。

$$\varsigma_t = r_t + \delta - \beta_k \qquad (3.24)$$

垄断生产者的定价方法是使其价格等于边际产出 $p_{it} = A_{it} F_1(x_{it}, L)$。由于企业的边际收益和边际成本均与 A_{it} 成比例，且企业之间的区别在于 A_{it} 不同，因此他们会选择供应同样数量的中间产品 $x_t = x_{it}$，将其代入式（3.23）且认为资本的资本总需求等于其总供给 K_t，可以得到：

$$x_{it} = x_t = k_t L \qquad (3.25)$$

其中，k_t 为有效劳动的资本存量 $k_t \equiv K_t/A_t L$，A_t 为所有部门的平均生产率。将式（3.25）代入式（3.21）得出有效劳动的产出与资本投入之间的函数关系：

$$Y_t/A_t L \equiv y_t = F(k_t, 1) \equiv f(k_t), \quad f' > 0 \qquad (3.26)$$

进一步，可以写出企业的利润最大化条件：

$$\max\{p_{it} x_{it} - \varsigma_t A_{it} x_{it}\} \qquad (3.27)$$

将式（3.27）对 x_{it} 求一阶导，可以得出：

$$\varsigma_{it} = F_1(x_{it}, L) + x_{it}F_{11}(x_{it}, L)$$

$$= F_1(k_tL, L) + k_tLF_{11}(k_tL, L) = F_1(k_t, 1) + k_tF_{11}(k_t, 1) \quad (3.28)$$

由于函数 $F(\cdot)$ 具有1次齐次特征，因此，$F_1(\cdot)$ 和 $F_{11}(\cdot)$ 分别具有0次齐次特征和 -1 次齐次特征。另外，由于资本的边际收益等于其边际成本 $\varsigma_{it} = R(k_t)$，$R(k_t)$ 为边际收益函数。由于 $\varsigma' = R'(k_t) < 0$，所以 $R(k_t)$ 为资本 k_t 的减函数。

进一步，由于企业的收益与生产率 A_{it} 成比例，可以给出：

$$\pi_{it} = A_{it}\pi_t(k_t)L \quad (3.29)$$

由于阿吉翁和豪伊特（Aghion & Howiit，1998）给出了一个关于企业收益函数的特定形式：

$$\pi_t(k_t) = -k_t^2 F_{11}(k_t, 1) = \alpha(1-\alpha)f(k) \quad (3.30)$$

因此，可以得出 $\pi' > 0$。

最后，在金融市场不完全条件下，企业的资本投入 k_t 还会受到外部金融发展程度的影响。当企业内部存在融资约束时，可获得的外部创新融资也会缓解内部的融资约束，即与金融发展和企业创新决策影响类似，同时假定资本投入 k_t 是金融发展 $\mu(\theta_1, \theta_2)$ 的增函数，且外部金融发展同样受到经济体金融规模 θ_1 和金融效率 θ_2 的影响。

3.3.2 模型构建及求解

由内生增长理论可知，企业的生产率提高来自其研发投资活动，并将其最终产出品作为研发活动的投入品。每个部门的创新泊松抵达率 ϕ_t 可以定义为：

$$\phi_t = \lambda n_t, \quad \lambda > 0 \quad (3.31)$$

其中，λ 表示创新投资生产率，n_t 表示经过生产率调整的用于研发活动的最终产品数量，即研发投资支出除以前沿技术 $A_t^{max} \equiv \max\{A_{it} \mid i \in [0, 1]\}$，这样可以考虑到技术复杂度提高产生的影响。随着技术的提高，进一步提高的资源成本也会成比例增加。随着资本投入研发的增加，n_t 的这种设定方式可以避免其无约束式增长。

中间部门用于研发的投入品 n_t 相同，因为各部门的预期收益相同。特别地，每一次创新都会产生新一代的中间部门产品，主要体现在前沿技术 $A_t^{\max}$ 的变化中。

假定研发支出的补贴率为 β_n，那么决定研发投资均衡水平的套利条件为一单位研发支出的边际净成本等于其预期边际收益。由于一单位研发支出可以提高（$\lambda/A_t^{\max}$）个单位泊松抵达率，因此可以得到：

$$1 - \beta_n = \lambda \int_0^\infty e^{-\int_t^\tau (r_s + \phi_s)\,\mathrm{d}s} \pi(k_t) L \mathrm{d}\tau \qquad (3.32)$$

其中，r_s 为 s 期的瞬时利率，瞬时贴现率为利率加上创造性破坏率 ϕ_s，其表示创新被替代的概率。

进一步，我们需要变换式（3.32）的形式，以便探究资本投入（k_t）和创新投资之间的关系。令 $F(s) = -\int_t^\tau (r_s + \phi_s)\,\mathrm{d}s$，将等式右边对 t 进行求导，可以求得：

$$
\begin{aligned}
\left(\lambda \int_0^\infty e^{-\int_t^\tau (r_s+\phi_s)\,\mathrm{d}s} \pi(k_t) L\mathrm{d}\tau\right)_t' &= \left(\lambda e^{F(t)} \int_t^\infty e^{-F(\tau)} \pi(k_t) L\mathrm{d}\tau\right)_t' \\
&= \lambda e^{F(t)} f'(t) \int_t^\infty e^{-F(\tau)} \pi(k_t) L\mathrm{d}\tau + \lambda e^{F(t)}\left[-e^{-F(t)}\pi(k_t)L\right] \\
&= \lambda(r_t + \phi_t) \int_t^\infty e^{F(t)-F(\tau)} \pi(k_t) L\mathrm{d}\tau - \lambda\pi(k_t)L \\
&= (r_t + \phi_t)(1 - \beta_n) - \lambda\pi(k_t)L \qquad (3.33)
\end{aligned}
$$

令式（3.33）等于0，则可以得到：

$$1 - \beta_n = \frac{\lambda\pi(k_t)L}{r_t + \phi_t} = \frac{\lambda\pi(k_t)L}{r_t + \lambda n_t} \qquad (3.34)$$

由式（3.34）可以发现，由于 $\pi'(k_t) > 0$ 且 $r'(k_t) < 0$，因此，随着资本投入水平 k_t 的增加，$n_t(k_t)$ 也必然随之增加，即 $n'(k_t) > 0$。

进一步，由于资本投入（k_t）与金融发展程度（μ）呈正相关变化，因此，$\dfrac{\partial k_t}{\partial \mu} > 0$。又根据前文可知，当且仅当 $\varphi_1 \in (\underline{\varphi_1}, \bar{\varphi_1})$ 或者 $\varphi_2 \in (\varphi_2, \infty)$ 时，经济体的金融发展程度会随着金融规模和金融效率提高而逐渐改善，因此，我们可以得到：

$$\frac{\partial n_t}{\partial \varphi_1} = \frac{\partial n_t}{\partial k_t}\frac{\partial k_t}{\partial \mu}\frac{\partial \mu}{\partial \varphi_1} = \begin{cases} n_t'(\varphi_1) > 0, & \varphi_1 \in (\underline{\varphi_1}, \bar{\varphi_1}) \\ n_t(\varphi_1) \to 0, & \varphi_1 \in (0, \underline{\varphi_1}) \cup (\bar{\varphi_1}, \infty) \end{cases} \qquad (3.35)$$

$$\frac{\partial n_t}{\partial \varphi_2} = \frac{\partial n_t}{\partial k_t} \frac{\partial k_t}{\partial \mu} \frac{\partial \mu}{\partial \varphi_2} = \begin{cases} n_t'(\varphi_2) > 0, & \varphi_2 \in (\underline{\varphi_2}, \infty) \\ n_t(\varphi_2) \to 0, & \varphi_2 \in (0, \underline{\varphi_2}) \end{cases} \quad (3.36)$$

由此，我们可以得到，金融规模 φ_1 和金融效率 φ_2 通过影响经济体金融发展程度，进而影响企业可获得的创新融资资本数量 k_t，最终影响到企业的创新投资水平。具体而言，当 $\varphi_1 \in (0, \underline{\varphi_1}) \cup (\bar{\varphi_1}, \infty)$ 或者 $\varphi_2 \in (0, \underline{\varphi_2})$ 时，经济体金融发展程度较低（$\mu \to 0$），金融部门在偏离较优规模和效率低下（功能缺失）的基础上，不能有效甄别企业家风险，进而不能将资本以较低成本有效配置到创新企业中，最终使得企业创新投入资本品 k_t 需求具有高度约束性，创新投资水平不能得到有效缓解和提高。当 $\varphi_1 \in (\underline{\varphi_1}, \bar{\varphi_1})$ 或者 $\varphi_2 \in (\underline{\varphi_2}, \infty)$ 时，经济体金融发展程度随着金融规模扩张和金融效率提升得到逐步改善，金融部门在规模合理和效率较优的基础上，能够将资本以合理的资本价格配置到企业创新融资中，表现为企业创新资本投入品 k_t 的约束程度得到有效缓解，进而提高企业的创新投资水平。

3.3.3 影响的边界效应分析

3.3.3.1 金融规模对企业创新投资影响的边界效应分析

借助内生经济增长理论构建的金融发展对企业创新投资水平影响的数理模型，可以发现：当金融规模低于一定门槛值，经济体金融规模严重不足，导致金融资本供求缺口较大。在企业创新投资不确定性较强和风险特征较高条件下，金融部门出现极度风险厌恶特征，会尽量减少将资本配置到创新投资过程中。另外，高密度研发企业通常拥有较少的实物资产或设备用以债务融资抵押，企业如果想获得足够的创新融资需要支付较高的融资成本，这会进一步导致企业面临比较严重的外部融资约束，降低了创新资本投入品的数量和创新投资水平。兰德尔（Randall，2011），马斯库斯（Maskus，2012），王昱（2014）等通过实证发现，经济体的资产实物性与国内信贷市场的交互项对创新投资影响较为显著，而与股权市场的相互影响不存在显著性，因此创新投资会面临由于缺乏实物资产而出现融资约束，进而导致创新投资水平不足[155]。另外，在金融规模较低水平的金融发展低级阶段，通常伴随着金融部门人才匮乏、技术低下，此时金融系统只倾向于监控产出形式界定明确的生产活动，而不愿意监控收益形式高度不确定的创新活动。金融部门在关心融资项目潜在收益理想且安全性较高的基础上，却不愿意承担较大的不确定性，最终会进一步降低企业创新投资水平（Hall & Lerner，2010）。在这个阶段，金融体系应该积极提升可利用的金融规模数量，合理改进经济体的金融结构，如在扩大信贷规模的同时培育股权市场的发展。这不仅相当于提高了有效金融规模，还提高了金融发展促进创新投资的影响的有效性。马诺娃等（Manova et al，2009）指出，权益资本有助于减少研发投资所需要的实物抵押资产，可以从本质上很好地起到监控作用，且投资者可以根据所得信息和个人偏好进行不同投资，存在极大有效性。

当金融规模超过一定门槛值，与前文类似，金融发展会偏离服务实体经济功能提升带来的效率提高，过分追求短期投机盈利和金融资产泡沫化增值，进而忽略创新与技术进步投资带来的经济长期成长。在这种情况下，一方面，企业要获得足够的创新融资需要付出较高的资金成本以便弥补资本配置到其他高速增值领域中的机会成本（Lin，2010）[156]。另一方面，企业会通过大量减少创新决策行为的方式，来降低企业的创新投资水平。因此，金融规模不足或金融规模过度均可能通过影响创新融资成本来影响企业资金的可获得程度，从而影响企业的内部创新融资约束水平，最终制约企业的创新投资水平。

3.3.3.2 金融效率对企业创新投资影响的边界效应分析

当金融效率高于门槛值φ_2时，随着φ_2的增加，金融功能逐渐完善。第一，银行部门可以将动员储蓄的资金以低成本和费用转换成企业的创新融资；股权市场流动性较高，提高了资产变现能力，降低了资金流动性风险，进而增加了金融体系为企业提供创新资金的能力（Beck et al，2004）；第二，金融部门的价格发现机制较为准确且稳定，降低金融部门对实体经济影响的波动性，提升资金供给者将资本投入实体企业创新的信心，进而提高其创新投资水平（Demirguc - Kunt & Levine，1996）[157]；第三，金融部门前沿技术扩展、管理经验改善有助于对企业家风险甄别能力的提升，有利于其将资本以合理价格更广泛地投入到不同企业中，而不是少数大型企业或垄断企业独享资源，金融排斥程度较小，更有效扶持中小规模企业或私营企业创新融资，从而提升企业的整体创新投资水平（Beck et al, 2008, 2013）。

如果金融效率水平低于门槛值φ_2，金融功能存在部分缺失，资本配置功能以及风险甄别能力低下使得企业（尤其中小企业）创新融资约束程度加大，技术创新项目投资会产生较高的交易成本，流动性风险增大，一旦企业预期收益低于投资成本时，技术创新投资活动必然下降，进而创新投资水平降低。在这种情况下，随着金融规模的扩张，投资者只会大量涌入金融资产性投机领域，而非实体经济创新中，加剧金融体系的脆弱程度和经济波动程度。刘小玄（2011）通过2000~2007年中国制造业企业数据实证发现，金融部门以企业固定资产或销售收入为主要依据的低效资本配置功能导致价值增长潜力较大的私营企业或小规模企业融资成本明显增高，融资约束程度加大，最终降低其创新投资水平。王昱（2015）通过构建异质性理论研发投资模型和2005~2007年制造业企业创新投资数据实证发现，中国区域金融效率存在的门槛特征是导致不同企业创新投资水平差异的重要原因。彭俞超（2015）通过1989~2011年46个国家的宏观数据实证发现，在金融效率较高、稳定性较强且可及性较好等金融功能完善的经济体中，市场导向型金融发展会更多改善经济体融资水平。

因此，在金融规模适度、金融效率改善引起的金融功能提升情况下，金融发展可以有效促进企业的创新投资水平，即反映金融功能的效率特征只有超过一定门槛值（$\varphi_2 > \varphi_2$）才能有效降低创新融资成本并实现金融资金向研发部门的转换，最终提高企业的创新投资水平。

3.4 本章小结

本章通过构建金融规模和金融效率对企业两阶段创新投资影响边界的数理模型，探讨了金融发展对企业创新决策和创新投资水平影响的边界效应。

首先，借鉴菲利普（Philippe, 2010）不同类型投资与经济增长和经济波动关系模型，引入金融市场不完全条件下的融资约束对企业创新决策的影响，发现金融规模或效率超过合理边界，经济体金融发展程度较低，导致企业遭受流动性冲击风险的可能性较大，此时企业家会用更多的短期投资来替代创新投资，表现为企业减少长期创新投资决策。只有当金融发展在一定界限内，经济体金融发展程度逐渐改善，企业支付长期流动性冲击的可能性提高，能够完成长期投资的可能性也随之提高，此时企业家会更多地将短期投资转换为长期投资，以便提高生产率水平，表现为企业会做出更多的长期投资决策。

其次，借鉴阿吉翁和豪伊特（Aghion & Howiit，1998）包含资本积累影响的内生经济增长模型，引入金融发展程度对企业创新投资水平的影响，发现金融规模偏离较优水平或者金融效率低下，金融部门不能有效甄别企业家风险，不能将资本以较低成本有效配置到创新企业中，使得企业创新投入资本品 k_i 需求具有高度约束性，进而降低了企业的创新投资水平。当金融发展程度随着金融规模扩张和金融效率提升得到逐步改善，金融部门能够将资本以较优价格配置到企业创新融资中，可以有效提高企业的创新投资水平。

中国区域金融发展的边界特征分析

　　针对中国区域金融发展的边界特征进行分析以便掌握我国区域金融发展的层级特征和实际情况,为下文实证检验金融发展对企业创新投资的影响边界做出铺垫。将金融发展理论的核心思想融入判定区域金融发展收敛的边界特征研究中并构建金融功能升级决定的区域金融发展收敛分析框架,使用金融规模和金融结构指标及金融效率指标,结合 σ 收敛方法和动态空间收敛模型探究中国区域金融发展收敛的层次性和对应的边界特征。结果发现,东部地区金融规模呈现收敛趋势,金融结构表现出组内差异性,但逐步实现与经济结构的匹配,进而金融效率呈现收敛趋势,表现出较高的金融发展收敛层次性和边界特征;西部地区金融规模趋于收敛,但金融结构与区域经济结构匹配程度较弱,金融效率组内差异较大,二者均没有呈现收敛特征,处于我国区域金融发展收敛的中间层次;中部地区面临金融规模扩张、结构优化及效率提升多重困境,最终呈现金融发展发散特征,表现出区域金融发展收敛的低层次性和边界特征。

4.1　区域金融发展的收敛性与边界特征

4.1.1　金融发展的收敛性和边界特征的关系

　　戈德史密斯（Goldsmith，1969）指出,反映一国金融发展程度的金融相关比率是呈现上升变动趋势的,有时甚至会出现急剧上升现象,但金融相关比率趋于 1~1.5 时,该指标就接近稳定状态,由此证明,国家或区域层面的金融发展程度存在收敛特征或趋同性。但现实中考虑到结构因素和金融功能的差异,不同国家间金融发展差距却越来越大,即层次性差异较大,研究知识产权保护与金融发展对资本流动影响的理论甚至表示,在完全无摩擦的市场环境中,落后的金融市场将被放弃,所有的融资活动都会在发达金融市场完成 (Ju & Wei, 2011)[158]。由此,引出这样一种思考,国家间或内部区域间金融发展是否收敛趋同还是存在层次差异?不同程度金融发展的收敛位于何种层次并对应何种边界特征?尤其对于我国这样一个主要依靠要素投入推动经济增长的经济体来说,搞清这个问题极为重要,因为中国区域经济的发展水平不平衡,首先呈现为初始阶段的金融资源区域分配不平衡及区域金融发展的不平衡特征,要确保区域经济协调发展则需要首先确保区域金融的协调发展。当然,判定区域金融发展的层次性和边界特征也为下文探究金融发展对企业创新投资影响的边界做出铺垫。

判定区域金融发展的层次性通常可以使用判定区域金融发展的收敛特征进行间接证明。首先,通过梳理中国区域层面金融发展收敛研究的现有文献有助于对我国金融发展的收敛特征做出清晰认知或有效判断,并为本书构建金融发展层次性和边界特征的研究体系作为理论依据。张杰(1994)最早界定了我国区域层面金融发展收敛的内涵,指出经济结构的区域差别可能引起金融制度与金融结构安排的区域差别,进而影响金融发展的进程,并指出区域金融发展先由"互挤"趋同性向"互补"趋异性转换、再由"互补"趋异性向"互挤"趋同性转换,呈现出类似于经济发展的威廉姆森倒"U"形趋势[159]。陆文喜和李国平(2004)使用金融相关率指标和 β 收敛方法探究了1985~2002 年中国金融发展的区域收敛特征,表示我国区域层面金融发展存在阶段性及收敛特性,这种特性又与金融发展政策差别密切关联[160]。金雪军和田霖(2004)用存贷款/GDP 指标测算了金融相关率且使用时间序列分析模型,分析了 1978~2003 年我国区域层面是否存在金融发展差异,发现区域金融演化差异呈现出三次曲线变化态势。但从中长期看,倒"U"形曲线特征是否成立不能定论[161]。赵伟和马瑞永(2006)使用金融相关比率和 β 收敛模型检验了中国 1978~2002 年的地区金融发展收敛特性,指出中国区域金融发展仅具有条件 β 收敛特征，而且区域金融发展还表现出一定程度的"俱乐部收敛"特征[162]。李敬等（2008）指出，1992～2004 年中国省级金融发展差别呈现加速扩张态势，改革开放以后，中国区域金融发展差异所呈现的"U"形特征只是市场化趋异时期的片断式特点，但不是区域金融发展层级差异的全程特点[163]。龙超和张金昌（2010）基于面板单位根方法，探究了我国区域金融发展层次的随机收敛特点，指出我国区域金融发展呈现了全局性的随机发散特点，没有呈现俱乐部式随机收敛[164]。邓向荣等（2011）基于极化理论运用 Esteban‒Ray 指数构建了不同区域金融发展指标体系，表示我国金融发展极化速度加剧，且与经济增长负向相关，东、中、西部极化特点存在较大机理差异[165]。邓向荣等（2012）以 2002 年作为金融开放的分割点，基于金融发展程度综合指数，使用参数及非参数模型探究了我国区域金融发展收敛特性，指出金融业逐步对外开放对我国区域金融发展差异性产生了重大影响。1998～2008 年中、西部地区的金融发展程度存在 β 绝对收敛特性，东部地区金融发展程度差异则始终存在[166]。孙晓羽和支大林（2013）则基于面板模型及泰尔指数模型对区域金融发展差异情况进行了求解和收敛分析，表示中国区域金融发展水平大幅上升同时差异程度逐渐扩大[167]。周迪（2015）结合了 Dagum 基尼系数分解法和分布动态学模型，研究了我国金融发展在量和质层面的地区差距及分布动态演变，发现我国中部地区金融发展在量和质均处于滞后水平，且不管地区差距还是地区极化，量都比质重要[168]。

从现有文献中关于中国区域金融发展收敛机制分析可以发现，中国区域金融发展收敛特点实际反映了不同区域金融发展的层次性和边界特征，这与我国区域金融发展的非平衡政策密切相关。自改革开放以后，国家先后颁布了非均衡发展战略计划，即"东部优先发展、西部大开发、振兴东北老工业基地、中部崛起政策"，最终形成了东部繁荣，西部和东北发展加速，中部弱化的塌陷新格局（杨胜刚和朱红，2007）[169]。我国区域金融不平衡发展使得不同地区处于金融发展收敛的不同层次，金融发展促进经济增长所对应的功能层级同样可能不同（李健和范祚军，2012；蒋三庚和宋毅成，2014；唐松，2014）[170~171]。东部地区金融发展起步较早，规模已达到较高水平（趋于收敛），逐步转向金融功能（效率）提升的高级阶段，处于我国区域金融发展收敛的较高层次水平并对应较高边界特征；西部地区金融规模在国家政策刺激下逐渐追赶东部地区，但金融功能（效率）是否已经改善仍有待于深入探究，基本处于我国区域金融发展的中间层次水平；中部地区在规模较低的水平下（不存在收敛特征），可能同时存在金融功能（效率）低下的两难困境，处于我国区域金融发展收敛的低层次水平并对应着低边界特征。

通过对我国区域金融发展收敛的层次性和边界特征的初步判断以及对现有文献研究不足的思考可以发现，第一，由于金融发展理论框架并不能独立于经济增长理论，那么对区域金融发展收敛的层次特性讨论往往要借助经济增长模型的研究思路拓展，即分析判断经济增长模型中的各要素的区域收敛特征，然后根据模型的转换方法来研究收敛机制。但这一思路用在探索区域金融发展的收敛机制和层次特征时需要注意，首先，区域金融发展是区域经济增长的影响因素，本身仍然不能够脱离区域经济增长独立存在；其次，区域金融发展影响区域经济增长的内部决定机制才是判定区域金融发展收敛层次性及边界特征的关键和核心。然而，现有理论和实证研究没有对这两个问题给出回答，李敬等（2008）试图从劳动分工理论出发，然后建立区域金融发展水平的决定模型，虽然其没有掌握金融发展促进经济增长的本质特征，但给本书测度区域金融发展收敛的层次性和边界特征的研究逻辑产生了极大启示。第二，现有研究在判定区域金融发展收敛和层次性的问题上，往往集中在金融规模上，即量的层面，忽略了金融发展的演化过程和内在机理，即金融发展实际是金融功能不断提升的外在表现。

鉴于此，本书试图将金融发展理论的核心思想融入判定区域金融发展收敛的层次性和边界特征问题的研究中，构建金融功能升级决定的区域金融发展收敛层次分析框架。通过金融规模、金融结构和反映金融功能特征的金融效率指标来探究区域金融发展收敛的层次性和边界特征，为下文研究金融发展对企业创新投资影响的边界做出铺垫。

4.1.2　金融功能对金融发展收敛层次性和边界特征的决定

强调金融对经济增长影响的研究涉及金融发展理论，其关注点经过了"金融规模观—金融结构观—金融功能观"的演变过程。由于"金融发展"本身不能够像"经济增长"一样能用一个具体的数量指标准确计算和描述，其理论体系也不像经济增长理论那样具有坚实的微观基础以及内在逻辑一致并区别于其他理论的范式（叶初升，2005）[172]。从研究的关注点来说，强调"金融规模"对经济增长的影响研究，一直面临"金融发展受约束的最优水平"即"金融可能性边界"的约束（Goldsmith，1969；Barajas，2012），寻找受约束最优水平和金融可能性边界是在宏观层面通过金融规模的变化与经济增长量的变化结果确定的，其内部机理难以深入分析。强调"金融结构"对经济增长的影响研究，一直强调或注重金融结构与实体经济结构的匹配度（林毅夫等，2003；张晓朴和朱太辉，2014），也是试图在宏观层面通过二者结构的适配性来探索对经济增长的影响机制，但很难深入到微观主体层面。强调"金融功能"对经济增长的影响，虽然也只能把自己服务于实体经济的功能嫁接到经济增长理论上，但有可能在寄生的经济增长模型中获得金融部门微观主体行为的分析与求解（白钦先和谭庆华，2006），这为本书评价和构建金融功能升级决定的区域金融发展收敛的层次性和边界特征提供了思路。第一，金融发展理论的非独立性决定了研究和评价它的收敛机制和层次性具有非独立性。不同区域经济发展水平不同，受制约的金融功能不同，随着经济不同增长阶段的需要，金融功能需要扩展并升级。不能够脱离了区域经济增长问题来考察区域金融发展的收敛特性问题。第二，金融功能扩展推动经济增长本身具有非线性、阶梯形的金字塔式层级特征。金融发展从规模扩张到效率（功能）提高，反映了金融通过服务与中介动员储蓄的基础功能，拓展到配置资源、资金的时空调节核心功能，再拓展到公司治理、资产重组、财富再分配、资源再配置、风险分散、信息生产与分配等派生或衍生性高级功能在促进经济增长过程里重要性的升级过程，揭示出金融功能的演化提升才是金融发展的核心内容。当经济学家对金融发展的认识深入到功能层面，经济增长中发挥作用的金融功能层次性和对应的边界特征就成为判断金融发展的核心标志，而同功能层次内部的收敛才是金融发展收敛的本质特征。如果一个发展中大国不考虑不同区域发挥主要作用的金融功能存在层次差异，其结果所展现的区域金融数量性收敛，可能忽略掉某些质的因素，从而也忽略了低功能层级跳跃到高功能层级需要面临更多的效率改进和更高的边界值，即区域金融发展收敛的低功能层次会对应着金融发展对经济增长影响的低层次性和低边界特征。

不同经济发展水平下的金融发展受约束的核心因素不同，在"金字塔"层级中能够达到的阶梯不同。当经济发展水平较低、物资积累有限，制度条件比较落后时，金融通过服务与中介动员储蓄及促进交易的基本功能在经济增长中居于核心地位，确保金融规模的发展就成了经济增长的关键。巴拉哈斯（Barajas，2012）的相关研究表明金融与经济增长的关系是非线性的，金融发展的影响在中等收入国家最大，随着国家变得更加富裕，金融对经济增长的影响会不断下降。阿吉翁（Aghion，2005）、恩里科等（Enrico et al，2012）、松和尼维卡（Siong & NirVikar，2014）发现，当私人信贷占到 GDP 之比不足 90% 时，金融发展不足以显著推动经济增长，而占比超过 110% 时，金融与经济增长呈现负相关[173~174]。这些研究结论也是从金融规模角度展开的，并表现出一种由金融抑制/深化论到金融过度论的思想转变；随着经济发展水平提高，物质资本的积累达到一定水平，金融配置资本、资金的时空调节的核心功能在经济增长中发挥的作用越来越重要，且关键要建立与实体经济匹配的金融结构来推动经济增长。这也要求金融体系中每类金融制度安排的比例成分及相互作用关系与该经济体的要素禀赋组成所内生决定的技术和产业结构以及企业的特性相互匹配，进而支持具有比较优势的行业及具有自生能力的企业的建立及成长（林毅夫等，2009；龚强等，2014）；随着金融结构优化且与实体经济的匹配，经济发展到一个较高水平时，决定金融效率提高的金融风险管理、公司治理等高级功能在经济增长中的作用越来越重要。要求金融部门除充当储蓄者和投资者的桥梁职责之外，还必须深入到研发部门（项目）承担风险资本家的职能，将资金投向有风险但潜在收益较大的科技项目上以获得长期经济增长，而金融中介仅将储蓄配置到有效率的生产企业只能获得短期经济增长。通过对企业家的技术创新能力进行事前评估，防止企业家欺骗行为、对投资项目进行监督，通过完善金融市场加大企业欺骗资金所有者的成本，缓解融资约束促进企业长期投资（创新与技术进步投资）、提高研发部门的创新能力和技术进步效率进而加速经济增长。

综上所述，随着金融发展促进经济增长的主要功能不断升级，其动员储蓄及促进交易的基本功能转变到配置资本的核心功能再扩展到风险控制、公司治理的高级衍生功能逐步成为影响经济增长的主导因素。在这个动态演化过程中所决定的金融发展收敛特性可以完整体现出区域金融发展收敛的层次性和边界特征，理清这一问题，也为下文从金融规模和金融效率两个层面来实证检验金融发展对企业创新投资不同阶段的影响边界做出重要铺垫。

4.2　测度方法及样本选择

4.2.1　测度方法

4.2.1.1　数据的空间相关性检验

检验区域指标是否存在空间相关性通常使用空间计量经济学中的空间自相关系数 Moran'I 指数，其定义形式为：

$$\text{Moran'I} = \frac{\sum_{i=1}^{n} \sum_{j=1}^{n} W_{ij}(X_i - \bar{X})(X_j - \bar{X})}{S^2 \sum_{i=1}^{n} \sum_{j=1}^{n} W_{ij}} \tag{4.1}$$

其中，$S^2 = \frac{1}{n} \sum_{i=1}^{n} (X_i - \bar{X})$，$\bar{X} = \frac{1}{n} \sum_{i=1}^{n} X_i$，$X_i$ 表示 i 区域样本观测值。W_{ij} 为空间权重矩阵中的任意元素，采用某种距离标准定义空间对象的相互邻接关系。在本书中，空间权重矩阵直接采取的是经济距离设定方式，更符合现实情况（Anselin et al，1997）[175]。

表4.1 中给出了 2003~2012 年金融发展指标的空间相关性检验结果，使用 MATLAB 计算完成。当计算出 Moran'I 指数之后，一般采用 Z 检验对其结果进行统计检验：

$$Z = \frac{[I - E(I)]}{\sqrt{\text{Var}(I)}} \tag{4.2}$$

表 4.1 金融规模和金融效率指标的 Moran'I 检验值及 P 值

年份	金融规模		金融效率	
	Moran'I 检验值	P 值	Moran'I 检验值	P 值
2003	0.3026	(0.007)	0.2432	(0.045)
2004	0.3030	(0.006)	0.2567	(0.041)
2005	0.3255	(0.005)	0.3276	(0.005)
2006	0.3084	(0.006)	0.3283	(0.004)
2007	0.3031	(0.006)	0.2973	(0.006)
2008	0.3254	(0.005)	0.2651	(0.018)
2009	0.3315	(0.004)	0.3076	(0.007)
2010	0.3575	(0.003)	0.2253	(0.056)
2011	0.3568	(0.003)	0.2503	(0.035)
2012	0.3663	(0.002)	0.1867	(0.139)

Moran'I 统计量取值介于（-1，1）之间，绝对值越接近 1，表明在研究范围内变量具有很强的正（负）空间自相关性，即相邻地区具有相似（相反）属性。仅当 Moran'I 接近期望值 $-1/(n-1)$ 时，观测值之间才在空间上随机分布。

从表 4.1 的结果可以看出，2003～2012 年，我国金融发展指标（金融规模或金融效率）的全局 Moran'I 指数在 5% 显著水平下通过显著性检验，表现出明显的空间自相关性。这说明，我国金融发展过程在空间特征上并非随机分布。对于国内信贷规模和金融效率而言，出现了金融发展增长速度相似的地区集聚现象，出现发达地区集聚、欠发达地区集聚的"马太效应"。

4.2.1.2 动态空间收敛模型的基本原理和构建

本书借鉴保罗霍斯特（J. Paul Horst，2005）提出的无条件 ML 方法进行构建和估计动态空间收敛模型[176]。首先，由于传统的区域金融发展指标通常具有空间相关性，因此，本书将空间计量分析中的空间误差模型（SEM）和空间自回归模型（SAR）融合到传统的 β 绝对/条件收敛模型来分析区域金融发展整体的收敛性问题，模型的设定形式在参照（李婧等，2010）的基础上，引入因变量—金融发展增长的一期滞后项来给出具体模型形式[177]：

$$\ln(FD_{it}/FD_{it-1}) = \alpha + \tau \times \ln(FD_{it}/FD_{it-1})_{t-1} + \beta \times \ln(FD_{it-1}) + X'_{it}\theta$$
$$+ (I - \lambda W)^{-1}\mu_t \tag{4.3}$$

$$\ln(FD_{it}/FD_{it-1}) = \alpha + \tau \times \ln(FD_{it}/FD_{it-1})_{t-1} + \beta \times \ln(FD_{it-1}) + X'_{it}\theta$$
$$+ \rho W \ln(FD_{it}/FD_{it-1}) + \varepsilon_t \tag{4.4}$$

其中，式（4.3）中的 λ 是空间误差系数，W 是空间权重系数，同样采取经济距离设定方式，具体使用两个省份人均 GDP 差距的倒数来表示。$\mu \sim (0, \sigma^2 I)$。式（4.4）中的 ρ 是自相关系数。对于动态空间模型的估计，首先用一阶差分消除固定效应，然后运用每个空间单元一阶差分观测值密度函数的乘积建立一阶差分模型的无条件极大似然函数。对上述动态空间收敛模型进行一阶差分，为简化表达，使用 Y 代表金融增长，得到如下形式：

$$\Delta Y_t = \tau^m \Delta Y_{t-m} + B^{-1}\Delta\varepsilon_t + \tau B^{-1}\Delta\varepsilon_{t-1} + \cdots + \tau^m B^{-1}\Delta\varepsilon_{t-(m-1)} + \sum_{j=0}^{m-1}\tau^j \Delta X_{t-j}\beta$$
$$= \tau^m \Delta Y_{t-m} + \Delta e_t + X^* \tag{4.5}$$

萧等（Hsiao et al，2002）假定对于 ΔY_t 所有的空间单元初始值预期变化相同并具有相同初始禀赋值，则 $E(\Delta Y_t) = \pi_0 I_N$。其中 I_N 为 $N \times 1$ 单位向量，π_0 为待估参数[178]。纳洛夫和巴莱斯特拉（Nerlove & Balestra，1996）使用 NB 逼近方法对方程进行估计，其提出用 $\sum X_t$ 替代方差 $X_{t-j}(j=0, 1, \cdots, m-1)$，其中 $\sum X_t$ 表示解释变量 X 的协方差矩阵[179]。假定每个变量 $X_{tk}(k=1, \cdots, K)$ 满足共同的平稳时间序列模型：

$$X_{tk} = \tau_X X_{t-1,k} + \gamma_t, \quad \gamma_t \sim N(0, \sigma_{\gamma X_k}^2 I_N) \tag{4.6}$$

因此，随机变量 X^* 有确定的方差 $\sum X^*$，其为关于 β，τ_{X_k}，$\sigma_{\gamma X_k}^2(k=1, \cdots, K)$ 的函数。只要随机变量具有明确的方差和协方差，解释变量由平稳过程产生时，忽略对参数 τ_{X_k}，$\sigma_{\gamma X_k}^2$ 的估计时获得的极大似然估计具有一致性。

$$\mathrm{Var}(\Delta Y_1) = \mathrm{Var}(\Delta e_1) + \mathrm{Var}(X^*) = \sigma^2 \nu_b B^{-1} B'^{-1} + \left(\frac{1-\tau^m}{1-\tau}\right)^2 \beta' \sum_{\Delta X}\beta \times I_N$$

$$\equiv \sigma^2 B^{-1}\left(\nu_b I_N + \left(\frac{1-\tau^m}{1-\tau}\right)^2 \frac{\beta' \sum_{\Delta X}\beta}{\sigma^2} \times BB'\right)B'^{-1} \tag{4.7}$$

$$令 \ V_{NB} = \nu_b I_N + \left(\frac{1-\tau^m}{1-\tau}\right)^2 \frac{\beta' \sum\limits_{\Delta X} \beta}{\sigma^2} \times BB' = \frac{2}{1+\tau}(1+\tau^{2m-1})I_N + \left(\frac{1-\tau^m}{1-\tau}\right)^2$$

$\dfrac{\beta' \sum\limits_{\Delta X} \beta}{\sigma^2} \times BB'$。$\Delta e$ 的协方差矩阵可记为 $\mathrm{Var}(\Delta e) = \sigma^2 \left[(I_T \otimes B^{-1})H_{V_{NB}}(I_T \otimes B'^{-1})\right]$。对数似然函数可表示为如下形式：

$$\log L = -\frac{NT}{2}\log(2\pi\sigma^2) + T\sum_{i=1}^{N}\log(1-\delta\omega_i) - \frac{1}{2}\sum_{i=1}^{N}\log$$

$$\left[1 - T + T \times \frac{2}{1+\tau}(1+\tau^{2m-1}) + T\left(\frac{1-\tau^m}{1-\tau}\right)^2 \frac{\beta' \sum\limits_{\Delta X}\beta}{\sigma^2}(1-\delta\omega_i)^2\right]$$

$$-\frac{1}{2\sigma^2}\Delta e^{*'}H_{V_{NB}}^{-1}\Delta e^* \tag{4.8}$$

$$其中，\ \Delta e^* = \begin{bmatrix} B(\Delta Y_1 - \pi_0 I_N) \\ B(\Delta Y_2 - \tau\Delta Y_1 - \Delta X_2\beta) \\ \cdots \\ B(\Delta Y_T - \tau\Delta Y_{T-1} - \Delta X_T\beta) \end{bmatrix}, \quad E(\Delta e^*\Delta e^{*'}) = \sigma^2 H_{V_{NB}}$$

对数似然函数包括 $K+4$ 个待估参数：β，π_0，τ，σ^2。这些参数无法通过一阶最大化条件直接得出，而需要数值迭代过程找出这些参数的最大值。

4.2.1.3 σ 收敛基本原理

传统收敛理论认为，当不同经济体的人均产出发散程度随时间逐渐缩小时，便出现 σ 收敛现象。即，如果出现式（4.9）的特征时，存在 σ 收敛。

$$\sigma_{t+T} - \sigma_t < 0 \tag{4.9}$$

其中，$\sigma_t = \sqrt{\dfrac{1}{N}\sum\limits_{i=1}^{N}(\ln(y_{it}) - \bar{y}_t)^2}$ 代表地区 i 中 $\ln(y_{it})$ 的标准差，$\bar{y}_t = \dfrac{1}{N}\sum\limits_{i=1}^{N}\ln(y_{it})$ 表示样本均值。

β 收敛和 σ 收敛具有密切相关性，通过计算 $\ln(y_{it})$ 的方差可以得到：

$$\sigma_{t+1}^2 = (\beta+1)^2\sigma_t^2 + \sigma_\varepsilon^2 \tag{4.10}$$

从式（4.10）可以发现，如果 $-2 < \beta < 0$，σ_t^2 则会渐进达到一个稳态水

平。如果两个经济体的人均产出随时间变动而趋同，那么依赖于稳态值 σ_t^2，落后经济体增长速度更显著，产出离散程度将会缩小。因此，σ 收敛是 β 收敛的必要而非充分条件。

4.2.2 指标选择及测算

4.2.2.1 金融规模指标的选取

对于金融规模指标的测度，戈德史密斯（Goldsmith，1969）提出了金融相关率的概念，即用全部金融资产与全部实物资产即国民财富价值之比来衡量金融发展程度。若国民财富或国民总收入相对稳定，金融体系越发达，金融相关系数也越高。但白钦先（2006）指出，不同质事物不应该简单比较数量差异。在金融统计上，某一时点的货币型金融资产、信贷资产存量，它的市场价值或价格是真实的、是同货币在当时的价值或价格同进退的，而非货币型金融资产在某一时点的价值或价格则具有很大的非真实性和不确定性，是以某一时点的市场价格与存量相乘假设而来的。因此，本书借鉴张成思（2013）和杨友才（2014）的方法，使用各地区当年金融机构贷款总额与GDP之比衡量金融发展量性规模。

4.2.2.2 金融结构指标的选取

对于金融结构指标选取而言，白钦先（2006）将其演变过程定义为金融倾斜及其逆转，即在经济体相当长的时期内，通常是间接金融发展在前、直接金融发展在后，随着经济发展水平的提高和产业结构的演进，直接金融总量会逐渐超过间接金融总量。林毅夫（2009）则直接将其描述为金融市场与银行信贷占GDP的相对比重，并且二者在服务实体经济功能方面存在本质差异。鉴于此，本书借鉴彭俞超（2015），将金融结构指标定义为股市规模和信贷规模的相对比重，数值越大表示金融体系中金融市场的影响程度更大。数据来源于 2004～2013 年《中国金融年鉴》和各省统计年鉴（2004～2013）。

4.2.2.3 金融效率指标的选取及测算

本书借鉴弗里德等（Fried et al, 2002）提出的三阶段 DEA 模型来测算区域金融效率指标[180]，并使用金融效率指标反映区域金融功能的完善程度（Čihák, 2013）[181]。该模型是一种非参数评价方法，能够更好地评价决策单元效率，并同时可以有效剔除包括环境因素与随机因素等系统自身不可控因素对效率的影响。

在第一阶段，使用传统的非参数 Malmquist 指数模型，从金融投入—产出角度对全要素生产率进行计算，具有较强的客观性，更适合对宏观金融数据的分析（李苍舒，2014）[182]。

第二阶段，运用 SFA 模型分解第一阶段的投入松弛（金春雨，2013）[183]，其分解的一般形式为：

$$s_{ni} = f^n(z_i;\ \beta^n) + \upsilon_{ni} + \mu_{ni} \qquad (4.11)$$

其中，s_{ni} 表示第一阶段第 i 个决策单元在第 n 个投入的松弛变量，$f^n(z_i;\ \beta^n)$ 表示环境变量对投入松弛的影响，z_i 表示可观测的环境变量，β^n 表示环境变量的影响参数。$\upsilon_{ni} + \mu_{ni}$ 是综合误差项，其中 υ_{ni} 为随机干扰项，且 $\upsilon_{ni} \sim N(0, \sigma_{\upsilon n}^2)$；$\mu_{ni} \geq 0$ 表示管理无效率，且 $\mu_{ni} \sim N^+(\mu_n, \sigma_{\mu n}^2)$。剔除环境因素与随机因素对金融效率的影响需将决策单元调整到同样的外部环境与随机因素状态。

$$x_{ni}^A = x_{ni} + [\max_i(z_i\hat{\beta}^n) - z_i\hat{\beta}^n] + [\max_i(\hat{\upsilon}_{ni}) - \hat{\upsilon}_{ni}],$$
$$n = 1, \cdots, N,\ i = 1, \cdots, I \qquad (4.12)$$

其中 x_{ni} 表示第 i 个决策单元第 n 个投入值，x_{ni}^A 为整后的值。式（4.12）第 1 个中括号表达式表示将决单元调整到同等外部环境，第 2 个中括号内表示将所决策单元调整到相同的随机因素影响。

另外，需要指出，弗里德等（Fried et al, 2002）并没有给出求解管理无效率的具体方法，与传统估计方法不同，本书借鉴李双杰等（2007）提出的统一分布模型分布的 $E(\mu | \varepsilon)$ 计算方式求解管理无效率项，进而分解出随机因素对初始投入的影响[184]。

$$E(\mu | \varepsilon) = \frac{E(X^{n+1})}{E(X^n)} = \frac{M_X^{(n+1)}(0)}{M_X^{(n)}(0)} \qquad (4.13)$$

第三阶段，调整金融投入品后的 DEA 模型。将第二阶段剔除不可控因素得到的调整后投入品 x_{ni}^A 替代初始投入 x_{ni}，再次运用投入导向的 BCC 模型测算决策单元的金融业全要素生产效率。此时，DEA 方法重新估计出的金融效率值即为消除外部环境因素影响与随机因素影响后的金融效率，所计算出的指标值能更加真实、准确地反映各地区的功能层次。

本书运用 DEAP 2.1 和 Frontier 软件计算中国区域金融效率指标值。在数据选取上，使用 2003～2012 年我国金融业增加值作为产出变量，金融业固定资本存量和从业人员数作为投入变量（李苍舒，2014）。环境变量参照金春雨等（2013）选取区域经济发展水平（人均 GDP），居民与企业财富变化（扣除 GDP 中财政收入之后占当年 GDP 的比重），产业结构（第三产值与 GDP 之间的比值）、人民生活水平（1 - 恩格尔系数）以及地区金融机构存款规模（银行存款/GDP）。其中，环境指标来自 2004～2013 年《中国统计年鉴》，金融业增加值、从业人员数和固定资产投资来自 2004～2013 年《中国金融年鉴》。固定资产存量则由固定资产投资流量，通过永续盘存法计算得出，公式表示为：$K_{it} = I_{it} + (1 - \delta)K_{i,t-1}$。$K$ 表示资本存量，I 表示投资流量，δ 表示折旧，通常取值 5%。另外，借鉴张军和金煜（2005）等人研究，将金融业增加值和资本存量换算成我国各省市 2003 年为基年不变价格的数据[185]。

4.3 区域金融规模收敛的层次性和边界特征

4.3.1 区域金融规模发展的 σ 收敛特征

图 4.1 中直观地给出了 2003～2012 年全国以及东、中、西部地区金融规模的 σ 收敛变化趋势。2003～2012 年，全国以及东、西部地区呈现先不明显发散然后趋于收敛的态势，而中部地区则经历了变动趋势不明显而后略有发散的特征。李敬（2008）指出，东部地区和全国的金融规模变化趋势相似，存在显著的阶段化特征。具体而言，在 1979～1989 年，全国以及东、中、西部地区出现显著的收敛特征；在 1990～2002 年，全国以及东中部地区发散特征显著，而西部地区则不显著。上述特征只是金融规模发展的一个片段化特

征，最终将会逐渐趋于收敛。本书对于2003～2012年金融规模数据的计算发现，全国和东部地区金融发展的"草帽式"演化特征得到逐步验证，而中、西部地区的演化特征与国家金融发展政策导向密切相关。

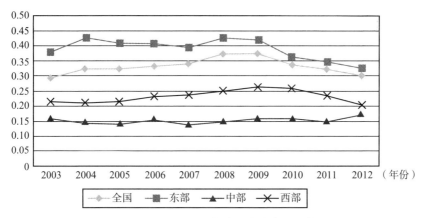

图4.1　区域金融规模的 σ 收敛变化趋势

4.3.2　区域金融规模发展的动态空间收敛分析

表4.2中数据显示，对于信贷市场而言，空间效应检验表明区域金融发展存在显著的溢出影响，Moran'I 指数在1%显著水平下通过检验。LM(err)和 R – LM(err) 统计量在5%显著水平下通过检验，而 LM(lag) 和 R – LM(lag) 统计量并未通过显著性检验。另外，SEM 模型中 $\log(L)$ 统计量高于 SLM 模型中的 $\log(L)$ 统计量，并且前者 AIC 和 SC 统计量小于后者，拟合优度 R^2 也较优，表明使用 SEM 比使用 SLM 进行收敛回归结果更稳健。

表4.2　　　　　　　　　区域金融规模空间收敛分析

变量	全国		东部		中部		西部	
	SEM	SLM	SEM	SLM	SEM	SLM	SEM	SLM
$FD(-1)$	0.737 *** (8.66)	0.730 *** (8.53)	0.821 *** (9.45)	0.805 *** (9.12)	0.761 *** (8.21)	0.783 *** (8.45)	0.755 *** (8.21)	0.762 *** (8.45)
α	0.165 *** (6.77)	0.143 *** (5.15)	0.133 *** (8.20)	0.115 *** (5.57)	0.165 *** (6.01)	0.157 *** (4.74)	0.125 *** (6.91)	0.102 *** (2.65)

续表

变量	全国		东部		中部		西部	
	SEM	SLM	SEM	SLM	SEM	SLM	SEM	SLM
β	-0.022*** (-2.94)	-0.013 (-1.23)	-0.026* (-1.96)	-0.019* (-1.82)	-0.044 (-1.51)	-0.040 (-1.45)	-0.027* (-1.64)	-0.025* (-1.61)
λ	0.821*** (15.11)	—	0.792*** (2.57)	—	0.635*** (2.83)	—	0.616*** (2.34)	—
ρ	—	0.023 (0.217)	—	0.147 (1.06)	—	0.292 (1.03)	—	0.230 (0.72)
R^2	45.7%	7.72%	29.7%	27.5%	60.3%	34.1%	25.4%	27.3%
$\log(L)$	91.21	86.45	31.45	30.47	28.44	26.38	39.52	38.43
AIC	-167.76	-156.42	-57.11	-53.96	-48.33	-44.31	-68.55	-65.91
SC	-165.51	-152.23	-56.22	-52.31	-46.51	-43.54	-66.47	-64.53
LR	9.22***	0.04	8.32***	1.14	4.95***	1.05	4.61***	0.55
空间依赖性检验 Moran'I	3.04***		3.02***		2.79***		2.80***	
LM(lag)	0.08	0.84	1.36	0.27	0.25	0.62	0.59	0.44
R-LM(lag)	0.93	0.33	0.55	0.49	2.19	0.14	4.35***	0.03
LM(err)	6.26***	0.01	6.13***	0.02	4.72***	0.04	3.87***	0.05
R-LM(err)	7.16***	0.00	6.27***	0.02	4.96***	0.04	3.95***	0.05

注：( ) 中为各变量系数的 Z 统计量值；*、**、*** 表示在10%、5%或1%水平下显著。极大似然估计 ML 中均包括了 SLM 和 SEM 模型估计。东部地区包括：北京、天津、河北、辽宁、上海、江苏、浙江、福建、山东、广东、海南；中部地区包括：山西、内蒙古、吉林、黑龙江、安徽、江西、河南、湖北、湖南；西部地区包括：广西、四川、重庆、贵州、云南、陕西、甘肃、青海、宁夏、新疆、西藏。

　　由 SEM 计算得出的全国金融规模收敛结果来看，2003～2012 年收敛速度为 -0.022，表现出欠发达地区向发达区域积极追赶的总体趋势。赵伟（2006）通过 1979～2002 年中国区域金融规模数据实证发现，改革开放虽然打破了单一的中央银行体制并推行央行和商业银行的分立，但各银行之间由于垄断的金融体系格局，金融配给特征突出。因此，1979～1989 年政府直接干预是造成区域金融规模差异缩小的主要原因且通常是迅速而有效的；而 1990～2002

年，随着市场改革趋异效应及自身金融发展能力差异，区域金融发展差距逐渐扩大形成发散态势，信贷规模收敛具有阶段特征。通过本书的实证结果进一步补充发现，2003～2012年，随着地区经济发展及金融发展影响因素的趋同作用，加上政府间接干预导致的金融环境改善，区域金融发展表现出市场化趋同下的收敛特征，完善了区域金融发展的"草帽"型发展路径。另外，金融规模一期滞后项对当期金融发展产生的显著促进作用表明，金融发展具有动态连续的系统惯性，前期金融发展通过需求拉动或供给促进效应影响当期金融发展，与金融发展密切相关的社会环境或制度因素对当期金融发展也产生了促进影响。

由 SEM 计算得出的东部地区金融规模收敛结果来看，东部地区在2003～2012年同样表现出收敛特征，因此，东部地区与全国金融规模特征相似，说明东部地区金融规模特征通常可以反映出全国金融规模的收敛特征。

由 SEM 计算得出的中部地区金融规模收敛结果来看，其金融规模收敛特征与全国或东部地区表现出了一定差异性，即在2003～2012年并没有表现出显著的收敛特征。2003～2012年，东、中、西部地区的人均收入分别达到了43086元、21461元、19700元，同时信贷规模占 GDP 比率分别达到119%、82%、104%，在中部地区人均收入高于西部地区的情况下，其金融规模指标显著低于其他区域，最终导致较低的金融效率指标0.397，低于东部和西部地区的0.747和0.461。中部地区规模收敛特征与我国选择性发展战略密切相关，在这种情况下，中部地区自身金融发展能力较弱，区域内部金融发展差异较大，再加上来自东部地区金融资源市场竞争和西部地区政策争夺竞争的双重压力，从而导致中部地区金融总量不足、区域金融发展严重不平衡、金融效率改善艰难，最终出现区域金融发展的极化效应。区域经济协调发展战略应该更加注重中部地区的平衡发展。

由 SEM 计算得出的西部地区金融规模收敛结果来看，其在2003～2012年表现出收敛特征。在这段时期内，西部地区金融规模收敛特征主要依赖于国家西部大开发政策倾斜，导致西部地区金融规模迅速扩张并呈现收敛趋势。但这通常引发学者对"政策扶持下的区域金融规模发展的思考"，即国家政策引导下的规模收敛是否能够带动自身金融发展能力以及金融效率的优化或平衡发展？赵伟（2006）指出，在1979～2002年，西部地区金融规模同样表现出不同阶段的收敛特征。1979～1989 年，计划经济下的金融资源计划配置是造成区域金融发展差距稳定的主要原因；1990～2002 年，市场经济条件下的逐利特征使得金融资源从西部地区转移到东、中部地区，导致内部成员金融差距不显著，也使得东、中部地区对西部地区的金融规模发展产生了显著极化效应。

4.3.3　区域金融规模收敛的层次性和边界特征分析

通过动态空间收敛模型分析可知，东、中、西部地区金融规模收敛性呈现不同趋势特征，也区分出了三个层次特征。东部地区因其得天独厚的地理位置和历史条件，沿海城市开放的外向型经济和蓬勃发展的民营经济，加之上海国际金融中心的强大辐射，一直是金融资产交易的活跃地带，金融规模也达到了较高水平，表现出明显的区域金融发展收敛的高层次性和高边界特征。西部地区金融规模受到国家非平衡政策性影响最为突出，其凭借国家大开发战略原本薄弱的金融基础在不断夯实巩固，符合"东部地区力拔头筹，西部地区后来者居上"的政策发展路径。中部地区，从金融规模现状来看，发展水平滞后，呈现弱化状态，并且其收敛速度明显落后于东、西部地区，究其原因为中部地区在市场运行方面落后东部，政府资源分配方面又落后西部，形成了一种"论速度不如西部，论总量又不如东部的塌陷局面"，表现出明显的低层次性和低边界特征。

4.4　区域金融结构收敛的层次性和边界特征

4.4.1　区域金融结构发展的 σ 收敛分析

图 4.2 中直观地给出了全国以及东、中、西部地区金融结构的 σ 收敛变化趋势。对于金融结构而言，其反映了中国市场导向金融发展和银行导向金融发展的相对变化收敛特征。全国和东部地区在 2007 年出现了较大的波动特

征，尽管中、西部地区变化不显著，但从整体时间范围上看，各地区均没有出现收敛趋势。

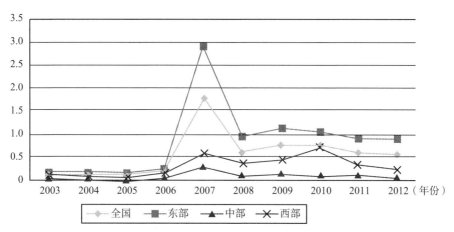

图4.2　区域金融结构的 σ 收敛变化趋势

4.4.2　区域金融结构发展的动态空间收敛分析

在基本动态空间收敛等式中，将金融规模指标转换为金融结构指标并加入经济结构变化指标，进而探究金融结构的空间条件收敛特征及其与经济结构匹配程度的影响关系。

$$\ln(FS_{it}/FS_{it-1}) = \alpha + \tau \times \ln(FS_{it}/FS_{it-1})_{t-1} + \beta \times \ln(FS_{it-1}) + \gamma \times \ln(ES_{it})$$
$$+ (I - \lambda W)^{-1}\mu_t \qquad (4.14)$$

$$\ln(FS_{it}/FS_{it-1}) = \alpha + \tau \times \ln(FS_{it}/FS_{it-1})_{t-1} + \beta \times \ln(FS_{it-1}) + \gamma \times \ln(ES_{it})$$
$$+ \rho W\ln(FD_{it}/FD_{it-1}) + \varepsilon_t \qquad (4.15)$$

其中，FS_{it} 表示 i 区域在 t 时期的金融结构指标，ES_{it} 表示 i 区域在 t 时期的经济结构变化，用当期非国有经济比重与前期非国有经济比重之比来表示。

表4.3 给出了全国和各地区金融结构收敛及其与经济结构变化影响的空间计量结果。在2003～2012 年，全国及各地区金融结构没有出现显著的收敛趋势。从全国及各地区金融结构变动与经济结构变动关系来看，仅有东部地区非国有企业工业产值占地区工业总产值变动与金融结构变动存在正向相关关系，全国和中、西部地区不显著。

表 4.3 区域金融结构空间收敛分析

变量	全国		东部		中部		西部	
	SEM	SLM	SEM	SLM	SEM	SLM	SEM	SLM
$FS(-1)$	0.656 *** (7.32)	0.635 *** (7.14)	0.688 *** (7.82)	0.672 *** (7.65)	0.579 *** (6.75)	0.571 *** (6.68)	0.642 *** (7.15)	0.638 *** (7.09)
α	1.229 * (1.85)	1.196 * (1.78)	1.335 *** (2.12)	1.311 * (1.98)	1.134 * (1.71)	1.115 * (1.63)	1.204 * (1.82)	1.187 * (1.74)
β	-0.943 (-1.18)	-0.948 (-1.17)	-0.651 (-0.78)	-0.671 (-0.85)	-1.122 (-1.33)	-1.135 (-1.41)	-0.857 (-1.01)	-0.865 (-1.06)
γ	0.72 (0.90)	0.65 (0.80)	1.04 * (1.71)	1.08 * (1.79)	0.64 (0.78)	0.61 (0.73)	0.85 (1.45)	0.81 (1.41)
λ	0.570 * (1.98)	— —	0.634 *** (2.33)	— —	0.551 * (1.82)	— —	0.564 * (1.89)	— —
ρ	— —	0.532 * (1.75)	— —	0.611 *** (2.11)	— —	0.515 * (1.63)	— —	0.527 * (1.69)
R^2	28.4%	27.7%	35.1%	31.5%	26.2%	24.7%	26.5%	25.1%
$\log(L)$	35.88	35.72	41.63	40.56	33.65	32.92	35.65	34.22
AIC	-60.29	-59.44	-62.41	-60.28	-58.29	-57.44	-59.29	-58.56
SC	-67.60	-65.18	-68.78	-66.34	-65.65	-63.45	-66.67	-64.28
LR	3.85 *	2.30	3.91 *	2.53	3.62 *	2.21	3.73 *	2.27
空间依赖性检验 Moran'I	2.85 ***		2.93 ***		2.70 ***		2.73 ***	
LM(lag)	0.23	0.63	0.24	0.59	0.22	0.68	0.23	0.66
R-LM(lag)	0.13	0.72	0.15	0.69	0.13	0.76	0.13	0.72
LM(err)	4.10 ***	0.04	4.45 ***	0.04	3.95 ***	0.05	4.01 ***	0.04
R-LM(err)	4.21 ***	0.04	4.33 ***	0.04	3.85 ***	0.05	3.89 ***	0.05

注：（ ）中为各变量系数的 Z 统计量值；* 、** 、*** 表示在 10%、5% 或 1% 水平下显著；极大似然估计 ML 中均包括了 SLM 和 SEM 模型估计。

首先，从金融发展与经济发展的变动结果来看，经济结构变化与金融结构变化只有在东部地区呈现显著的相关性，而在中西部地区关系不显著，表明只有在东部地区经济结构转变过程中（非国有企业工业产值变化），金融市场发展和银行体系发展在相对规模上也发生相应变化。传统金融发展理论主要从总量上分析金融规模与实体经济发展的匹配问题，但二者的匹配度不只体现在总量和速度上，还应从结构匹配角度来考虑（张晓朴和朱太辉，2014）。金融发展与实体经济的结构不匹配主要体现在金融体系各个组成部分的发展与实体经济各个部门的金融服务需求是错位的，实体经济各个部门不能按比例地获取金融服务。结构性不匹配会导致投融资效率低下，不同实体经济主体的融资不平等待遇，中小企业的资金需求难以得到满足。无论是何种金融结构发展，金融体系作为上层建筑都可以在一方面基于实体经济而存在，另一方面又能凌驾于实体经济之上独立发展。如果金融体系不能保证其内部相互协调的同时又与实体经济适应与协调，那么金融发展对实体经济的影响将是破坏性的。在我国，当前实体经济发展主要由非国有企业发展推动，而银行体系由国有银行主导，国有企业发行的债券和股票在所有企业融资中占较大的比重。这种直接融资与间接融资比例的失衡会导致市场机制配置金融资源支持实体经济发展的功能缺陷，金融风险过多集中于以商业银行为主体的金融体系之中，增大整个金融系统支持实体经济发展的脆弱性（陆岷峰，2013）[186]。中、西部地区金融结构转变与经济结构转变匹配程度不显著正是因为银行信贷在这些地区占据绝对主导地位，金融市场发展缓慢。而政府主导的银行规模又通常与它所服务的企业规模存在匹配关系，在金融所有制歧视下，银行信贷资源偏向于分配给政府或与政府有紧密联系的精英阶层国有企业（Calomiris，2011；戴静和张建华，2013）。在东部地区，金融市场发展规模和速度相对增长较快，非国有经济在工业总产值中的贡献也逐渐增大，二者出现显著的正向促进关系，符合经济增长中决定的最优金融结构发展路径（林毅夫，2009）。

其次，从区域金融结构发展收敛特征来看，在全国和中西部地区金融结构与经济结构不匹配的情况下，各地区金融结构均没有出现收敛趋势。这说明，在区域金融市场发育不健全或者金融自身发展能力存在缺陷的情况下，各地区内部成员金融结构发展存在显著差异，没有出现金融结构趋同现象。

4.4.3 区域金融结构收敛的层次性和边界特征分析

通过动态空间收敛模型分析可知，东、中、西部地区金融结构收敛性呈现不同层次特征。东部地区在金融规模达到一定水平后，逐渐完善金融发展对实体经济的服务和支持作用，逐步转向金融功能的提升，具有高层次性和边界特征；西部地区在国家政策扶持下，金融规模逼近较高水平的过程中开始进入调结构促效率进而提升金融功能阶段。但仍需值得注意的是，部分中、西部地区信贷规模依然较低，进而股市规模并不用达到较高数值，金融结构相对指标就会达到较高水平逼近东部地区，因此，其金融结构没有表现出收敛特征且与区域经济结构匹配程度较弱，不能有效支持非国有经济的生产活动；中部地区由于金融市场发展相对落后，市场运作能力较低，金融结构存在着与经济结构严重不匹配问题，不能显著促进非国有经济生产活动，进而金融发展不能有效实现服务实体经济的功能，具有低边界特征。

4.5　区域金融效率收敛的层次性和边界特征

4.5.1　区域金融效率发展的 σ 收敛分析

图 4.3 中直观地给出了 2003~2012 年全国以及东、中、西部地区金融效率的 σ 收敛变化趋势。2003~2012 年，全国和东部地区出现了显著的收敛趋势，西部地区不明显，而中部地区存在明显的发散趋势。这种效率收敛特征可能反映了各地区之间的金融功能层次差异，与金融部门服务实体经济的功能密切相关。金融体系效率取决于其为劳动密集型、规模小且成熟企业的融资需求提供服务的能力，如果得益于银行贷款的只是大型、资本密集型企业，就会影响整体金融功能的发挥（Lin，2013）。林毅夫（2009）指出，银行规模通常与它所服务的企业规模存在匹配关系，大型银行往往回避小企业，集中为大型企业服务。在我国，这种区域金融发展的结构性不匹配会导致区域金融效率特征出现较大差异，此时，部分金融资本被配置到了一些回报较低的项目中，且中小企业的资金需求难以得到满足。

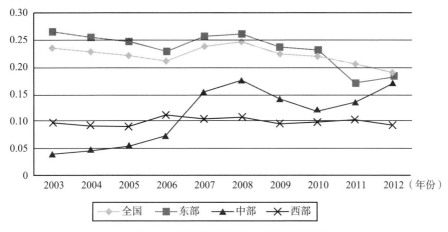

图 4.3　区域金融效率的 σ 收敛变化趋势

4.5.2　区域金融效率发展的动态空间收敛分析

表 4.4 给出了全国和各地区金融效率收敛特征的动态空间计量结果。LM（lag）和 R−LM（lag）统计量在 5% 显著水平下通过检验，而 LM（err）和 R−LM（err）统计量均未通过显著性检验，表明 SLM 模型相对于 SEM 模型更具有稳健性。

表 4.4　　　　　　　　　　区域金融效率空间收敛分析

变量	全国		东部		中部		西部	
	SEM	SLM	SEM	SLM	SEM	SLM	SEM	SLM
$FE(-1)$	0.645 *** (7.25)	0.630 *** (7.11)	0.679 *** (7.78)	0.685 *** (7.60)	0.576 *** (6.68)	0.569 *** (6.61)	0.640 *** (7.14)	0.635 *** (7.07)
α	0.202 *** (13.45)	0.173 *** (6.91)	0.192 *** (11.57)	0.180 *** (9.15)	0.495 *** (2.81)	0.201 (1.44)	0.257 *** (9.28)	0.251 *** (4.51)
β	−0.079 *** (−3.33)	−0.083 *** (−3.64)	−0.110 *** (−5.02)	−0.103 *** (−4.55)	1.031 * (1.87)	1.019 * (1.81)	−0.090 (−1.53)	−0.089 (−1.49)
λ	0.444 *** (2.21)	— —	0.303 (1.07)	— —	0.446 (1.41)	— —	−0.016 (−0.05)	— —
ρ	— —	0.203 * (1.64)	— —	0.229 * (1.81)	— —	0.445 * (1.72)	— —	0.044 (0.15)

续表

变量		全国		东部		中部		西部	
		SEM	SLM	SEM	SLM	SEM	SLM	SEM	SLM
R^2		42.72%	44.15%	65.93%	67.55%	46.2%	20.2%	53.5%	52.4%
log(L)		69.35	69.87	29.35	30.45	16.33	15.66	29.21	30.11
AIC		-135.21	-134.23	-54.52	-55.61	-26.42	-24.33	-54.11	-52.14
SC		-132.65	-133.45	-52.14	-54.55	-25.37	-23.45	-52.15	-50.43
LR		0.91	7.85***	0.44	7.21***	1.66	4.78***	0.23	4.75***
空间依赖性检验	Moran'I	2.16***		2.87***		2.48***		2.59***	
	LM(lag)	5.64***	0.02	5.31***	0.03	4.51***	0.04	5.22***	0.04
	R-LM (lag)	5.51***	0.02	5.35***	0.02	4.75***	0.04	5.41***	0.04
	LM(err)	0.46	0.50	0.25	0.59	0.44	0.53	0.13	0.89
	R-LM (err)	0.36	0.42	0.33	0.85	1.65	0.28	0.16	0.78

注：（）中为各变量系数的 Z 统计量值；＊、＊＊、＊＊＊表示在 10%、5% 或 1% 水平下显著；极大似然估计 ML 中均包括了 SLM 和 SEM 模型估计。

对于区域金融效率指标而言，不同地区表现出了极大的差异性。全国和东部地区表现出显著的收敛趋势，收敛速度分别为 -0.083 和 -0.103，在 1% 显著水平下通过检验。西部地区收敛特征不显著，而中部地区则出现显著的发散趋势，发散速度为 1.019，在 10% 显著水平下通过检验。这表明，东部地区省份金融效率差距呈现缩小趋势，内部成员金融效率向领先地区不断靠拢。西部地区金融效率差距并没有出现显著缩小的趋势，相反中部地区金融效率差距则呈现扩大趋势。一方面，随着东部地区金融结构转型，在与实体经济结构优化匹配的过程中，自身金融功能不断完善，区域金融效率得到提升和改善，进而区域内部出现收敛趋势。从收敛速度来看，明显快于规模收敛速度，说明先进的技术经验在空间上可以产生更快的溢出效应，差距通过干中学效应不断缩小。另一方面，西部地区虽然有国家信贷政策倾斜，但自身金融发展能力薄弱，区域内部金融发展存在一定差异，进而金融效率收敛态势不显著。中部地区在面临西部地区金融资源争夺和东部地区金融竞争压力情况下，无论是金融规模还是金融结构均没有表现出差距缩小的趋势，进而导致其地区金融效率出现明显的发散态势，也凸显出中部地区从金融规模发展到金融效率改进的两难困境。

另外，值得一提的是，东部地区金融效率收敛表明何种金融结构本身在金融体系中占主导地位并没有比较上的优劣，对于金融功能升级（从动员储蓄到资本配置再到风险分散等功能）过程都是有效的，只是不同金融结构体系服务于不同实体经济结构可能存在差异性，所以在区域金融结构存在差异的条件下依然出现收敛趋势（彭俞超，2015）。

4.5.3　区域金融效率收敛的层次性和边界特征分析

通过动态空间收敛模型分析可知，东、中、西部地区金融效率收敛性呈现不同趋势特征。东部地区在金融规模达到一定水平后，逐渐完善金融发展对实体经济的服务和支持，进而金融效率得到有效提升，金融功能逐步实现向高层次衍生功能的转变。西部地区在国家政策扶持下，金融规模逼近较高水平的过程中开始进入调结构促效率进而提升金融功能阶段。中部地区由于金融政策歧视，其金融规模较低，金融市场运作能力较低，金融结构支持实体经济程度薄弱，不能有效实现服务实体经济的功能，最终效率较低并呈现发散趋势。

上述区域金融效率的收敛特征同时表现出了不同地区金融效率（功能层面）的层次性，即表现为东、西、中部地区逐级递减的边界特征。东部地区在金融规模收敛的情况下，逐步调整实现金融结构与经济结构的匹配，进一步效率提升并呈现收敛趋势，表现出我国金融发展的高层次性和边界特征；西部地区虽然表现出国家政策推动下的金融规模收敛特征，但金融结构区域内部差异较大且与区域经济结构匹配程度较弱，最终导致区域金融效率没有呈现显著的收敛特征，处于我国区域金融发展的第二层次；中部地区面临东、西部地区的竞争压力，区域内金融发展差异性较大，金融规模、金融结构均没有表现出收敛特征，同时与经济结构匹配程度薄弱，最终导致较低的金融效率并呈现发散特征，出现规模—结构—效率的多重困境，表现出我国区域金融发展低层次性和低边界特征。

4.6　区域金融发展的层级收敛机制和边界特征

　　沿着金融发展的动态演化过程（金融规模—金融结构—金融效率）构建金融功能升级决定的金融发展收敛层级分析框架，实证检验发现中国区域金融发展收敛同样表现出动态的层次性和边界特征。

　　对于金融规模收敛的层次而言，东、西部地区呈现先不明显发散然后趋于收敛的态势，而中部地区则经历了变动趋势不明显而后略有发散的特征。东部地区金融发展的"草帽式"演化特征得到逐步验证，而中、西部地区的演化特征与国家金融发展政策导向密切相关。因此，东、中、西部地区金融规模收敛呈现出了不同层次性：东部地区在金融规模较高条件下，表现出明显的区域金融发展收敛的高层次性和高边界特征。西部地区凭借国家大开发战略出现后来者居上的政策发展特征。中部地区则形成了论速度不如西部，论总量又不如东部的塌陷局面，呈现出区域金融规模发展的低层次性和低边界特征。

　　对于金融结构收敛的层次性而言，东部地区在 2007 年出现了较大的波动特征，尽管中、西部地区变化不显著，但从整体时间范围上看，各地区均没有出现收敛趋势。从各地区金融结构变动与经济结构变动关系来看，仅有东部地区非国有企业工业产值占地区工业总产值变动与金融结构变动存在正向相关关系，中、西部地区则不显著。这表明只有在东部地区经济结构转变过程中，金融市场发展和银行体系发展在相对规模上也发生相应变化。因此，东、中、西部地区金融结构收敛呈现出了不同层次性：东部地区逐渐完善金融发展对实体经济的服务作用，金融功能逐步实现向高层次衍生功能的转变；西部地区在国家政策扶持下金融发展开始进入调结构促效率进而提升金融功能阶段；中部地区由于金融市场发展相对落后，金融结构存在着与经济结构严重不匹配问题，进而金融发展不能有效实现服务实体经济的功能。

　　对于金融效率收敛的层次性而言，东部地区出现了显著的收敛趋势，西部地区不明显，而中部地区存在明显的发散趋势。这表明，东部地区省份金融效率差距呈现缩小趋势，内部成员金融效率向领先地区不断靠拢。西部地区金融效率差距并没有出现显著缩小的趋势，相反中部地区金融效率差距则呈现扩大趋势。因此，东部、中部、西部地区金融效率收敛呈现出了不同层次性：东部地区在金融规模收敛的情况下，逐步调整实现金融结构与经济结构的匹配，进一步效率提升并呈现收敛趋势，表现出我国金融发展的高层次性和高边界特征；西部地区虽然表现出国家政策推动下的金融规模收敛特征，但金融结构与区域经济结构匹配程度较弱，最终导致区域金融效率没有呈现显著的收敛特征，属于我国区域金融发展的第二层次；中部地区金融规模、金融结构均没有表现出收敛特征，同时与经济结构匹配程度薄弱，最终出现金融效率发散特征，表现出我国区域金融发展的低层次性和低边界特征。

4.7　本章小结

本章在构建金融功能升级决定的区域金融发展收敛分析框架基础上，通过使用 σ 收敛分析方法和动态空间 β 收敛方法，探究了我国区域金融规模—金融结构—金融效率收敛的层次性和对应的边界特征。东部地区呈现出金融规模较高、金融效率提升且逐渐与实体经济匹配的收敛特征，表现出区域金融发展收敛的高层次性和高边界特征。西部地区依靠国家政策扶持，仅金融规模呈现收敛特征，逐渐进入调结构促进效率的金融发展阶段，表现出区域金融发展的中等层次特征。中部地区金融规模、金融结构没有呈现收敛特征，同时与经济结构匹配程度薄弱，金融效率发散，表现出区域金融发展收敛的低层次和低边界特征。

金融发展对企业创新投资影响边界效应的实证检验

通过金融发展投入—产出指标和工业企业创新投资数据，首先，运用三阶段 DEA–Malmquist 指数分解和聚类分析区域金融效率指数，其次，在区分企业所有权性质、行业和地区的基础上使用 HECKIT 模型和门限模型探究金融规模及金融效率边界对企业创新决策和投资的两阶段影响。结果发现：第一，金融业技术进步对金融效率提升起到重要作用，金融规模扩张可以缓解金融效率下降，但二者呈倒"U"形关系。第二，金融深化不足、金融过度扩张导致金融发展偏离企业创新投资过程，金融发展对企业创新投资影响更多体现在扩展边际，而非集约边际。第三，金融业技术越靠近规模报酬可变条件下的前沿技术水平、金融业前沿技术向前推移及金融规模越逼近最优规模带来的效率提升越有利于促进企业创新投资过程。第四，金融发展差异对企业创新投资过程的影响在东、西、中部地区边际递减，且门槛值相对于私企、中低技术企业更高。提升金融效率是跨越企业创新投资过程中金融规模瓶颈的重要途径。

5.1 金融发展对企业创新投资影响的边界效应

巴拉哈斯等（Barajas et al, 2012）引入了金融可能性边界的概念后，将其视为金融发展"受约束的最优水平"，认为深度不足、过度扩张的金融部门都可能会严重缩小可利用的政策空间并阻碍传导的渠道。只有在一定的边界区间内的金融发展才会对经济增长起到促进作用，而没有达到最低边界、金融发展不足，或者超过最高边界、金融发展过度都不能显著促进经济增长甚至可能负向影响经济增长。进一步，作为影响经济长期增长的重要因素——企业创新投资，可能同样面临着金融发展门槛引起的影响边界问题，因为金融发展影响经济增长的一个重要渠道就是通过影响创新投资传导实现的。

当金融规模低于一定边界值，企业将面临比较严重的外部融资约束。一方面，在流动性匮乏背景下，国有企业很可能产生政府或国家隐性担保特征的挤出效应，造成金融资本流入到效率较低而安全性较高的国有企业或短期生产领域中。另一方面，在企业创新投资具有高风险特征下，资金供求的缺口又与金融部门的损失厌恶原则发生根本性冲突，加上金融部门缺乏专业性人才，不能真正甄别其发展潜力，进而不足以进入企业的创新领域。在这种金融发展的低层次阶段，金融部门更重要的作用是动员储蓄并扩展规模，企业创新投资面临的不确定性和约束程度较大，不利于企业做出创新决策和进行创新投资。当金融规模超过一定边界值，金融发展同样也不会立足于服务实体经济发展带来的效率提高，进一步助长了企业追求短期的投机盈利，不会谋取创新与技术进步造成的公司长期稳健成长。此时，企业创新投资虽然可能带来较高收益，但依然可能低于金融资本脱离实体经济在虚拟领域里过度投机带来的增值幅度，进而对实体经济所需的资本产生挤出影响，最终不利于企业进行创新决策和创新投资。

当金融规模在合理的边界内扩张时，金融体系需要由动员储蓄的基础功能向配置资本的核心功能不断拓展，开始强调金融结构与实体经济结构的匹配程度，即金融部门内的大、中、小金融机构组成与行业内企业的规模结构关系相匹配，银行与资本市场在金融系统中的作用与传统产业及新兴产业在国民经济中的地位匹配，把金融发展的核心能力提升到资金配置效率的提高上。尽管大多金融中介或金融市场的支持者都曾强调自身在支持创新投资过程中各自具有比较优势，但经济发展中的最优金融结构论表示，金融中介或金融市场促进经济增长的过程中其实各具优劣，任何单一融资的方式都可能出现功能缺失，最优金融体系应该同时依赖于金融中介和金融市场（林毅夫和徐立新，2012）。同时，金融结构无关论观点指出，金融结构背后所发挥出的较高的金融效率（功能）水平对于经济发展来说才是最重要的，而其组成属于次要问题（Merton，1995）。因此，本书将金融结构仅看成是金融体系发挥其功能的组成形式，即不关注何种金融结构对企业创新投资产生更大影响，而直接深入关注金融体系整体发挥的效率水平是否对企业创新投资产生影响以及这种效率水平是否存在着影响的边界特征。当技术创新投资成为经济增长的重要推动因素时，金融部门发挥的主要功能需要由动员储蓄基础功能拓展到配置资本核心功能，进一步拓展到分散风险与高层次衍生功能，这样可以有效增强资金供给者风险投资信心，降低创新融资成本，提高资本资产的转化效率。当金融效率低于一定边界值时，金融发展存在功能缺失，包括技术前沿落后、先进管理经验引进不足且规模偏离最优规模较远。在生产领域里，金融部门可以发挥出动员储蓄和资本配置的核心功能。但创新投资风险较高且周期较长，还要求一个高效的金融市场能够为具有企业家精神的企业创新过程发挥更高层次的衍生功能，包括甄别筛选企业家、帮助企业家分散风险等，进而不能有效促进企业的创新决策和创新投入。当金融效率高于一定边界值时，金融部门自身技术进步推动的功能提升和效率改善可以优化金融发展对企业创新投资过程的促进能力，有效实现资金向研发部门的转换并提高实体经济创新投资过程。

对于一个主要依靠要素投入推动的经济增长模式，中国区域经济发展的不平衡表现为初始阶段金融资源区域分配的不平衡和区域金融发展的不平衡，探究我国区域金融发展对企业创新投资不同阶段影响的边界，也有利于为科学制定和改善区域金融发展政策提供理论依据。2003~2012年东部地区人均地区生产总值（GDP）平均达到43086元，正面临培育新兴产业和部分世界前沿面技术实现产业结构升级、突破中等收入陷阱的严峻考验，其信贷规模占GDP达到119%，已超过对经济增长促进影响的上限，同时很多地区的金融规模也可能超过了促进企业创新投资的有效边界，急需在拓展配置资本核心功能的基础上进一步完善分散风险与派生衍生功能，完成金融功能层次升级、提高金融效率，实现内涵经济增长；中部地区人均GDP平均达到21461元，一方面，需要承接东部地区的产业转移，实现产业结构优化，另一方面，又要发展新兴产业并由此带动传统产业的结构升级。在这一过程中金融部门拓展资本配置的核心功能，实现金融动员储蓄的基础功能到资本配置的核心功能提升就十分重要。但其信贷规模占 GDP 比平均仅达到82%，大多数地区金融发展水平较低，目前仍然处于金融规模扩张的低层次水平，面临着规模提升和效率改善两难境地；西部地区人均 GDP 平均达到 19700 元，大多数地区原有的工业基础薄弱，承接东、中部地区产业转移面临较好的历史机遇，其信贷规模占 GDP 比平均达到 104%。然而要打破支撑传统倚大、倚重、倚国有的产业结构的金融规模扩张模式并非容易。一方面，既定的产业结构、所有制结构不能够完全忽略金融规模扩张的作用，但这种扩张已接近和局部超过对企业创新投资正向影响的边界；另一方面，拓展配置资本核心功能又会受到既定产业结构的制约和东部地区新兴产业发展、中部地区承接产业转移方面的竞争，亟须提高和改善金融效率以跨越规模门槛对企业创新投资的不利影响。

5.2 实证设计及样本选取

5.2.1 指标选取和样本测度

5.2.1.1 金融规模指标的选取

对于金融规模指标的选择，戈德史密斯（Goldsmith，1969）提出了金融相关比率概念，即全部金融资产与全部实物资产即国民财富价值之比来衡量金融发展程度。但白钦先和谭庆华（2006）指出不同质事物不应简单比较数量差异。在金融统计上，某一时点的货币型金融资产、信贷资产存量，它的市场价值或价格是真实的、是同货币在当时的价值或价格同进退的，而非货币型金融资产在某一时点的价值或价格则具有很大的非真实性和不确定性，是以某一时点的市场价格与存量相乘假设而来的。因此，本章同样借鉴王勋（2013）、杨友才（2014）的方法，使用各地区当年金融机构贷款总额与地区生产总值（GDP）之比来衡量金融规模，研究其对企业两阶段创新投资的边界影响。

5.2.1.2 金融效率指标的选取和测算

与本书第 4 章研究区域金融效率收敛性和层次特征时的测算方法相似，

本章依然采用三阶段 DEA 模型来测量东、中、西部地区的总体金融业全要素生产率水平。但与前文不同的是，本章在此基础上将引入三阶段 DEA – Malmquist 模型，进一步对金融效率指标进行分解，以便更详细地探究金融效率各组成要素对企业创新投资阶段的边界影响。

对于三阶段 DEA – Malmquist 模型来说，测算金融效率的第一阶段和第二阶段基本原理同第 4 章，因此，本章将不予赘述。但第三阶段与前文不同，即不同于直接使用调整投入后的投入导向 BCC 模型测度决策单元的效率，而是运用非参数 Malmquist 指数法，结合第二阶段剔除不可控因素得到的调整后投入来分解和测算我国金融业全要素生产率的变化。这种方法对传统的非参数 Malmquist 指数进行了改进和调整，消除了外部环境因素与随机因素后的影响，更加真实、准确地反映决策单元的运营管理水平和规模经济性。

假定 x^t，y^t 分别为第 t 期的投入和产出；x^{t+1}，y^{t+1} 则表示第 $t+1$ 期的投入和产出。$\bar{y}^t(x^t)$，$\bar{y}^{t+1}(x^t)$ 分别表示第 t 期投入要素 x^t 以生产前沿面 S^t 和 S^{t+1} 为技术前提下的最大产出。而 $\bar{y}^{t+1}(x^{t+1})$，$\bar{y}^t(x^{t+1})$ 分别表示第 $t+1$ 期投入要素 x^{t+1} 以生产前沿面 S^{t+1} 和 S^t 为技术前提下的最大产出。

对于给定的要素投入和技术特征，定义一个决策单位的实际产出 $y^t(x^t)$ 和最大潜在产出 $\bar{y}^t(x^t)$ 之比作为 t 时期的技术效率：

$$e^t = y^t(x^t) / \bar{y}^t(x^t) \tag{5.1}$$

定义距离函数 $D^t(x^t, y^t) = \sup\limits_{\beta}\left\{\beta: \dfrac{x^t}{\beta} \in L^t(y^t)\right\}$，则技术效率变为 $e^t = D_0^t(x^t, y^t)$。其中，D_0^t 表示第 t 期基于产出的距离函数。因此，在第 t 期和第 $t+1$ 期技术水平下，从第 t 期和第 $t+1$ 期上的生产率变化为：

$$M^t = D^t(x^{t+1}, y^{t+1}) / D^t(x^t, y^t) \tag{5.2}$$

$$M^{t+1} = D^{t+1}(x^{t+1}, y^{t+1}) / D^{t+1}(x^t, y^t) \tag{5.3}$$

于是将非参数的 M 指数定义为 M^t 和 M^{t+1} 的几何平均数，并进一步分解得到下式：

$$M(x^{t+1}, y^{t+1}; x^t, y^t) = \left[\frac{D_c^t(x^{t+1}, y^{t+1})}{D_c^t(x^t, y^t)} \times \frac{D_c^{t+1}(x^{t+1}, y^{t+1})}{D_c^{t+1}(x^t, y^t)}\right]^{1/2}$$

$$= \left[\frac{D_c^{t+1}(x^{t+1}, y^{t+1})^2}{D_c^t(x^t, y^t)^2} \times \frac{D_c^t(x^{t+1}, y^{t+1})}{D_c^{t+1}(x^{t+1}, y^{t+1})} \times \frac{D_c^t(x^t, y^t)}{D_c^{t+1}(x^t, y^t)}\right]^{1/2}$$

$$= \frac{D_V^{t+1}(x^{t+1}, y^{t+1})}{D_V^t(x^t, y^t)} \times \frac{\dfrac{D_c^{t+1}(x^{t+1}, y^{t+1})}{D_V^{t+1}(x^{t+1}, y^{t+1})}}{\dfrac{D_c^t(x^t, y^t)}{D_V^t(x^t, y^t)}} \times \left[\frac{D_c^t(x^{t+1}, y^{t+1})}{D_c^{t+1}(x^{t+1}, y^{t+1})} \times \frac{D_c^t(x^t, y^t)}{D_c^{t+1}(x^t, y^t)} \right]^{1/2}$$

$$(5.4)$$

对于式（5.4）最后一步中的三个乘积因子来说，第一项表示可变规模报酬下的纯技术效率相对变化，即纯技术效率指数；第二项表示规模效率的相对变化，即规模效率指数；第三项表示技术进步的相对变化，即技术进步指数。

通过第三阶段使用非参数 M 指数法，本书将金融效率具体分解为三项乘积因子技术进步指数 *TECHCH*、纯技术效率指数 *PECH*、规模效率 *SECH*，以及技术效率指数 *EFFCH* 和金融业全要素生产率指数 *TFPCH*，其中 *TFPCH* = *TECHCH* × *EFFCH* = *TECHCH* × *PECH* × *SECH*。通过表 5.1 对整体测算结果的观察发现：第一，在 2005～2007 年，金融业的全要素生产率指数处于上升趋势，规模效率也略有提高，而纯技术效率指数和技术效率指数出现下降，此时金融业效率提升主要来自金融业技术进步指数的大幅度提高。第二，在 2008～2011 年，受国际金融危机的影响，金融业的全要素生产率指数总体呈下降趋势（虽然在 2009 年有所回升），同时金融业的技术进步指数出现持续下滑。而在此期间，受我国宽松货币政策和美国量化宽松货币政策的影响，金融业规模效率指数出现上升趋势（2009 年达到最高值）。这表明，金融危机期间我国金融业技术进步放缓甚至倒退，而通过金融业规模的持续扩张，避免了金融业整体效率的大幅下降。第三，2011～2012 年，金融业全要素生产率指数和技术进步指数出现同时上升趋势，其他因素基本保持稳定。上述分析表明，金融业技术进步对于金融业整体效率的提升起到关键作用，但金融业的规模发展可以作为一种调节和辅助手段来缓解外界冲击对金融效率造成的不利影响。

表 5.1　　　　　　　　　　**区域金融效率变化趋势**

年份	*EFFCH*	*TECHCH*	*PECH*	*SECH*	*TFPCH*
2005	0.980	0.863	1.057	0.940	0.857
2006	1.058	1.018	0.998	1.053	1.070
2007	1.001	1.174	0.919	1.073	1.158

续表

年份	*EFFCH*	*TECHCH*	*PECH*	*SECH*	*TFPCH*
2008	0.914	1.099	0.866	1.041	0.991
2009	1.124	1.063	0.927	1.179	1.162
2010	0.977	1.069	0.890	1.079	1.027
2011	0.998	0.954	0.918	1.071	0.938
2012	0.976	1.037	0.915	1.053	0.999

5.2.1.3 区域金融效率指标的聚类分析

在聚类分析中，本书将使用到 R – Q 型因子分析原理，其中 R 型、Q 型因子分别表示对变量和样品进行因子分析。假定有 n 个样品，每个样品有 p 个变量，则有如下矩阵：

$$X = \begin{bmatrix} x_{11} & x_{12} & \cdots & x_{1p} \\ x_{21} & x_{22} & \cdots & x_{2p} \\ \vdots & \vdots & \ddots & \vdots \\ x_{n1} & x_{n2} & \cdots & x_{np} \end{bmatrix} = (x_{ij})_{n \times p} \tag{5.5}$$

在矩阵式（5.5）中，设各行之和为 $x_{i.} = \sum_{j}^{p} x_{ij}$，各列之和 $x_{.j} = \sum_{i}^{n} x_{ij}$，总和 $x_n = \sum_{j}^{p} \sum_{i}^{n} x_{ij}$。令 $P = \dfrac{X}{x_n} = (p_{ij}) = \dfrac{x_{ij}}{x_n}$ 表示概率。另外，假定 $Z = (z_{ij}) = (p_{ij} - p_{i.} p_{.j}) / \sqrt{p_{i.} p_{.j}}$，其中 $p_{i.}$，$p_{.j}$ 分别表示 p_{ij} 的行和与列和。进一步，变量的协方差矩阵表示为 $S_R = Z'Z$，样品的协方差矩阵表示为 $S_Q = ZZ'$。将变量和样本的协方差矩阵中的非零特征值记为 $\lambda_1 \geqslant \lambda_2 \geqslant \cdots \geqslant \lambda_m > 0$，若 S_R 中 λ_i 对应的标准化向量为 υ_i，则 S_Q 中 λ_i 对应的标准化向量为 $\mu_i = (1/\sqrt{\lambda_i}) Z \upsilon_i$。

另外，由矩阵 S_R 的特征值和向量可以得到 R – Q 型因子的载荷矩阵 A_R 和 A_Q。进一步，将变量和样品反映在相同坐标轴的平面上，再根据其接近程度对变量和样品进行聚类。

$$A_R = \begin{bmatrix} v_{11}\sqrt{\lambda_1} & v_{12}\sqrt{\lambda_2} & \cdots & v_{1m}\sqrt{\lambda_m} \\ v_{21}\sqrt{\lambda_1} & v_{22}\sqrt{\lambda_2} & \cdots & v_{2m}\sqrt{\lambda_m} \\ \vdots & \vdots & \ddots & \vdots \\ v_{p1}\sqrt{\lambda_1} & v_{p2}\sqrt{\lambda_2} & \cdots & v_{pm}\sqrt{\lambda_m} \end{bmatrix} = (\sqrt{\lambda_1}v_1, \cdots, \sqrt{\lambda_m}v_m) \quad (5.6)$$

$$A_Q = \begin{bmatrix} \mu_{11}\sqrt{\lambda_1} & \mu_{12}\sqrt{\lambda_2} & \cdots & \mu_{1m}\sqrt{\lambda_m} \\ \mu_{21}\sqrt{\lambda_1} & \mu_{22}\sqrt{\lambda_2} & \cdots & \mu_{2m}\sqrt{\lambda_m} \\ \vdots & \vdots & \ddots & \vdots \\ \mu_{n1}\sqrt{\lambda_1} & \mu_{n2}\sqrt{\lambda_2} & \cdots & \mu_{nm}\sqrt{\lambda_m} \end{bmatrix} = (\sqrt{\lambda_1}\mu_1, \cdots, \sqrt{\lambda_m}\mu_m) \quad (5.7)$$

根据上述原理和中国 31 个省份金融相关投入—产出数据，运用 SPSS 16.0 软件将各省份金融效率的特征进行了聚类，结果见图 5.1。

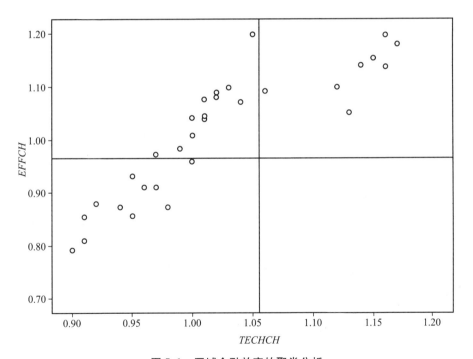

图 5.1　区域金融效率的聚类分析

根据影响区域金融效率特征中的技术效率（综合反映纯技术效率和规模

效率特征）和技术进步指数的不同，图 5.1 将 31 个省份的金融效率特征聚类到了坐标轴的三个不同象限中，其中右上方为第 I 象限，按逆时针方向分别为第 II，第 III，第 IV 象限。具体含义总结为：

（1）北京、天津、上海、浙江、福建、江苏、广东等主要东部沿海发达地区和唯一的西部地区四川位于第 I 象限，这些地区属于技术进步和技术效率双高型地区。首先，这些地区是我国经济最发达地区，服务业在 GDP 中份额较重。地区金融效率的提高主要来自技术进步的推动，表明金融业创新效果明显，管理水平较先进，技术处于前沿面水平。其次，地区技术效率处于较高水平是由于纯技术效率较高带动的，而规模效率不具有比较优势。这是因为，这些地区金融规模占 GDP 比重通常较大（均值 1.358），随着金融绝对规模的扩大（超过较优门槛水平）其规模效率反而呈现下降趋势，即金融规模与规模效率存在近似倒 "U" 形关系，也表明单纯依靠规模扩张来拉动金融效率提升不具有可持续性。但这些省份金融业内部结构和管理经验水平比较先进，进而在规模效率不具有优势的情况下仍然使得技术效率处于较高水平，最终使得金融业全要素生产率处于较高水平。

（2）重庆、贵州、云南、陕西、甘肃、青海、宁夏等大部分西部地区，河北、辽宁、山东、海南等少数东部地区以及山西处于第 II 象限，即属于高技术效率低技术进步型地区。这些地区能够合理地引进和使用现有先进管理技术经验（纯技术效率较高），金融规模处于较合理水平（规模效率具有优势），进而导致技术效率处于较高水平。但这些地区金融业创新不足，进而技术前沿面处于较低水平。

（3）内蒙古、吉林、黑龙江、安徽、江西、河南、湖北、湖南等大部分中部地区以及广西、新疆、西藏等西部地区处于第 III 象限，即属于技术进步和技术效率双低型地区。这些地区引进先进管理经验技术不足，并且金融业规模较低，出现了规模和效率提升的两难困境。

5.2.1.4　企业创新投资指标的选取

本书使用的微观企业数据来自 2005 ~ 2007 年《中国工业企业数据库》，该数据库是在国家统计局对全部国有以及规模以上非国有企业统计报表整理统计得到的。

对于所使用的企业创新投资数据，我们在张杰等（2009）对样本筛选方法的基础上[187]，对数据做如下处理：第一，删除一些明显违背现实的企业样本，如非正的工业总产值、资产总量、企业员工总数、固定资产总值；第二，删除企业员工人数低于 8 人的样本；第三，删除销售额的增长率大于100% 或者小于 0 的企业样本；第四，删除非正常营业的企业样本。为了检验结论的准确和稳健，本书对数据另做如下补充处理，如工业总产值低于 500万元，固定资产总值低于 10 万元，资产总计低于 100 万元的企业样本都被删除；第五，根据本书研究需要，本书还进一步将企业在样本年限中连续存在的企业（平衡数据）进行了筛选。

本书对企业数据的处理中使用统计软件 Access 2010 以及计量软件 Stata 11.0 等完成。通过对样本的筛选，全部企业包含样本数 875811 个，其中从事创新活动企业包含样本数 82234 个，连续存在且创新投入为正的企业包含样本数 33532 个。

5.2.2 实证框架设计

5.2.2.1 HECKIT 模型的设定

在任何行业中，并非所有企业都会进行创新活动。由于市场结构不同或预期收益的存在，企业会综合外界因素选择是否进行创新投入，由于创新产出的不确定性及沉没成本的存在，只有少数企业会从事创新活动。由此创新过程可以被看作两个阶段：决定是否进行创新（阶段 1，决策阶段），投入多少资源用于创新（阶段 2，投入阶段）。因此只对创新企业进行回归分析会出现样本选择偏误问题。通过使用赫克曼（Heckman）纠正样本有偏选择的方法可以实现对上述创新阶段的分析。这个过程涉及对两类方程的回归：选择等式（决定是否进行创新）和投入等式（创新企业的创新投入程度）。

根据格林（Greene，2003），本书要估计的计量模型也包含两类等式。首先，为选择等式，用来分析企业的创新决定机制[188]。

$$z_{it}^* = w_{it}'\gamma + \mu_{it}$$

$$z_{it}^* = 1, \text{ if } z_{it}^* > 0; \ z_{it}^* = 0, \text{ if } z_{it}^* \leq 0 \qquad (5.8)$$

其中，z_{it}^* 表示决策变量；γ 为 $K \times 1$ 列向量系数；w_{it}' 表示 $1 \times K$ 行向量，包含 K 个解释变量；μ_{it} 为随机误差项。

其次，为投入等式，模型形式表示如下。

$$y_{it}^* = x_{it}'\beta + \upsilon_{it}$$

$$y_{it} = y_{it}^*, \text{ if } z_{it}^* = 1; \ y_{it} = 0, \text{ if } z_{it}^* = 0 \tag{5.9}$$

其中，y_{it} 为被解释变量；β 为 $M \times 1$ 列向量系数；x_{it}' 表示 $1 \times M$ 行向量，包含 M 个解释变量；υ_{it} 为随机误差项。另外，假定两类等式中的随机扰动项为联合正态分布。

$$\begin{bmatrix} \mu_{it} \\ \upsilon_{it} \end{bmatrix} \approx \left[\begin{pmatrix} 0 \\ 0 \end{pmatrix}, \ \begin{pmatrix} 1 & \rho \\ \rho & \sigma_\upsilon^2 \end{pmatrix} \right] \tag{5.10}$$

式（5.9）表示创新投入等式。当仅估算具有创新投入的企业时，就会出现选择偏误问题。此时，$z_{it} = 1$，而 $\rho \neq 0$，因此运用 OLS 回归将导致估计误差（Heckman，1979）。为了获得无偏估计，我们需要运用赫克曼两步估计法（HECKIT）。

第一步需要使用 Probit 模型极大似然方法来估算选择等式的参数 γ（将企业的创新行为作为虚拟变量）。通过估算得出选择等式的米尔比率 λ（Mill's ratio）的倒数[189]。其中：

$$\lambda = \phi(w_i'\gamma) / \Phi(w_i'\gamma) \tag{5.11}$$

其中，$\phi(\cdot)$、$\Phi(\cdot)$ 分别表示标准正态随机变量的概率密度函数和累积分布函数。

第二步将米尔比率倒数添加到创新投入等式的估计中，以便运用 OLS 方法得出一致估计量。

另外，我们还需要指出，对于第一步估计的识别需要通过非线性的米尔比率倒数来实现，但在一定的指数范围内它却是线性的。因此需要在选择等式（Probit 模型）中增加额外的变量来解决第二步估计中的识别问题。但如果这两个影响过程是相似的，这种额外的解释变量是很难找到的。根据苏巴什（Subash，2011）的研究，我们将企业所处的区位因素作为虚拟变量引入选择等式中，如果企业所处的区位为经济发达区则其值为 1，否则为 0。其认为经济发达地区的企业有进行创新活动的压力，并可以从创新中获得溢出影响。但相对而言，其对创新投入的多少则影响较低。最后，由于样本企业规模不同，这将导致第二步估计得出的随机扰动项出现异方差。在大样本条件下，自主抽样法可以获得与 HECKIT 估计量一致的方差—协方差矩阵。因此本书使用这种方法计算一致的协方差估计量。

根据赫克曼两步估计法，本书借鉴本弗拉泰洛（Benfratello，2008）等的研究，通过对其模型的扩展和修正构建下列基本实证框架，引入地区金融发展水平对企业创新决策和创新投入的影响。

带有创新虚拟变量（RDD_{it}）的选择等式的形式如下：

$$RDD_{it} = \alpha_0 + \alpha_1 FD_{it} + \alpha_2 FD \times CF_{it} + \alpha' CONTROL_{it} + \varphi LOC_{jt}$$
$$+ \sum YEAR_t + \sum INDUSTRY_j + \varepsilon_{it} \qquad (5.12)$$

带有创新投入变量（RDI_{it}）的投入等式的形式如下：

$$RDI_{it} = \beta_0 + \beta_1 FD_{it} + \beta_2 FD \times CF_{it} + \beta' CONTROL_{it} + \sum YEAR_t$$
$$+ \sum INDUSTRY_j + \varepsilon_{it} \qquad (5.13)$$

进一步，我们还会将式（5.12）和式（5.13）做出修正，以便考虑各金融发展指标对企业创新投资过程的边界影响特征。对此，使用分位数 HECKIT 回归模型改进式（5.12）和式（5.13）。具体地，以 θ 代表分位数，在给定解释变量向量集的情况下，金融发展对企业创新投资的差异化估计模型变为：

$$Q_\theta(RD_{it} \mid X_{it}) = X'\beta_\theta + \varepsilon_{t\theta} \qquad (5.14)$$

其中，RD_{it} 表示企业的创新决策 RDD_{it} 和创新投入 RDI_{it} 过程。对于不同的分位数 θ，如果金融发展对企业创新投资的影响特征不同，则其系数 β 不同。类似于 OLS 估计，通过使残差最小化来估计回归系数，分位数回归通过以下最小化方程得到回归系数：

$$\beta_\theta = \text{argmin} \Big[\sum_{RD \geqslant X'\beta_\theta} \theta \mid RD_i - X'_i\hat{\beta}_\theta \mid + \sum_{RD < X'\beta_\theta} (1 - \theta) \mid RD_i - X'_i\beta_\theta \mid \Big]$$

$$(5.15)$$

5.2.2.2 门限模型的设定

本书在使用 HECKIT 模型证明金融发展对企业创新投资过程的影响具有边界效应的同时，进一步结合门限模型来确定金融发展对企业创新投资影响的边界值。因此，将企业的创新投入作为被解释变量，将金融发展指标及其他控制变量作为解释变量，遵循标准建模方法（Hanh，2010；张成思等，2013）[190~191]，建立如下门限面板模型：

$$RDI_{it} = \beta_0 + \beta_1 FD \times CF_{it} + \beta' CONTROL_{it} + \sum YEAR_t + \sum INDUSTRY_j + \theta_1 FD_{it}$$
$$\times I(q_{it} \leq \gamma_1) + \theta_2 FD_{it} \times I(\gamma_1 < q_{it} \leq \gamma_2) + \theta_3 FD_{it} \times I(q_{it} > \gamma_2) + \varepsilon_{it}$$
$$(5.16)$$

其中，θ 表示门限变量的系数，$I(\cdot)$ 为指标函数，γ 为特定门限值，q_{it} 表示门限变量（包括各金融规模和金融效率指标）。当 $q_{it} \leq \gamma$ 时，$I(q_{it} \leq \gamma) = 1$；反之当 $q_{it} > \gamma$ 时，$I(q_{it} > \gamma) = 1$。

对于上述门限面板模型来说，如果 γ 已知，则可以通过普通面板回归得到相应的参数值；而如果 γ 未知，则汉斯（Hansen，1999）提出应该使用门限变量的每一个数值作为门限值代入模型进行回归，得到残差平方和最小时对应的 γ 值作为门限估计值[192]，即

$$\hat{\gamma} = \text{argmin} S(\gamma) \qquad (5.17)$$

当估计出门限值后，需要对模型是否存在门限效应进行检验。汉斯（Hansen，1999）提出的假设检验为

$$H_0: \theta_1 = \theta_2; \quad H_1: \theta_1 \neq \theta_2 \qquad (5.18)$$

然后在原假设条件下构造出 F 统计量进行统计检验。在原假设成立的条件下，γ 无法得到识别，F 统计量并非服从 χ^2 分布。汉斯（Hansen，1999）运用自主抽样法（bootstrap）来捕获其渐进有效 P 值。对于多重面板门限模型的估计原理类似于单门限面板模型，在估计过程中，它将单门限面板模型估计出的门限值 γ 作为已知条件，进而再进行搜索其他门限值。

在使用数据进行回归分析之前，我们需要对所使用的面板数据进行单位根检验。通过对各变量的单位根检验可以发现，各变量水平值不能拒绝存在单位根的原假设，而对各变量经过一阶差分后，显示出各变量均可以拒绝存在单位根的原假设，即差分变量平稳，原变量为一阶单位根 $I(1)$ 过程。

5.2.3 变量定义和描述统计

式（5.12）、式（5.13）和式（5.16）中 i 表示企业，t 表示时期，j 表示行业类别。其中 FD_{it} 表示金融发展指标向量，主要包括金融规模指标和金

融效率指标两大类，测算过程如前文所示。其中金融效率指标具体包括金融业技术进步指数 $TECHCH_{it}$，纯技术效率指数 $PECH_{it}$，规模效率指数 $SECH_{it}$ 以及全要素生产率指数 $TFPCH_{it}$。另外，参照并改进沈红波（2010），文中增加 $FD \times CF_{it}$ 乘积项表示金融效率（金融业全要素生产率）、金融规模以及企业内部现金流的交互影响，经济含义为外部金融发展（效率和规模变化）向微观企业传导并缓解企业内部融资约束进而对企业创新投资的影响，其中金融发展规模指标使用地区当年金融机构贷款总额与各地区当年地区生产总值（GDP）之比来表示。

RDD_{it} 表示企业创新决策变量，如果企业 i 在 t 期的创新投资水平不为 0，则定义其数值等于 1，否则为 0。RDI_{it} 表示企业的创新投资水平，由企业创新投资占企业总资产百分比计算（强度指标）。另外，α' 和 β' 分别表示控制变量的系数向量，$CONTROL_{it}$ 表示一系列控制变量向量，包括企业全要素生产率 TFP_{it}，内部现金流 CF_{it}，出口 EX_{it}，资本密集度 K/L_{it}，行业密集度 HHI，规模 $SIZE_{it}$，年龄 AGE_{it} 以及行业 $INDUSTRY_{it}$ 和年份 $YEAR_{it}$ 控制变量。ε_{it} 表示随机扰动项。

表5.2 报告了变量的描述性统计分析结果。为了减轻异常值产生的影响，本书在分析处理时对所有变量使用 Winsorize 方法在 1% 和 99% 水平上的极端值进行了处理。在模型估计前，计算了所有解释变量间的 Spearman 相关系数，其相关系数均在 0.5 以下，表明解释变量之间的相关度不高。另外变量的多重共线性程度可以用方差膨胀因子（VIF）来表示，结果表明 VIF 值都在 2 左右，拒绝存在多重共线性的问题。

表 5.2　　　　　　　　　　各变量的统计描述

类别	变量	均值	中位数	标准差	最小值	最大值
金融规模	FD	1.092	0.962	0.365	0.612	2.234
金融效率	TECHCH	1.017	1.024	0.158	0.900	1.197
	PECH	0.991	0.970	0.087	0.870	1.225
	SECH	1.022	1.003	0.047	0.806	1.272
	TFPCH	1.042	1.049	0.189	0.688	1.415

续表

类别	变量	均值	中位数	标准差	最小值	最大值
创新投资	*RDD*	0.000	0.000	0.017	0.000	1.000
	RDI	0.019	0.0060	0.049	$3.65e-07$	2.557
控制变量	*TFP*	3.919	3.771	0.769	0.449	7.787
	CF	0.053	0.581	0.305	-13.870	23.955
	EX	4.811	0.011	5.340	0.000	19.014
	K/L	4.223	4.059	1.261	-3.215	14.058
	HHI	0.145	0.039	0.301	0.018	0.911
	SIZE	11.589	10.535	1.678	4.868	19.047
	AGE	14.698	7.000	16.097	0.000	407

资料来源：2005~2007年根据《中国工业企业数据库》、2006~2013年《中国金融年鉴》以及2006~2012年各省统计年鉴整理而得。

控制变量的计算和选取方式为：

（1）生产率，运用 HTFP 方法作为计算企业全要素生产率的指标，以 C-D 生产函数为研究对象，用企业产量 Q 的自然对数 lnQ 对企业资本 K 的自然对数 lnK 和劳动力 L 的自然对数 lnL 用 OLS 作无截距项的线性回归得出的残差即是企业全要素生产率的对数近似值 $lnTFP$，即用索洛残值表示企业生产率并作为解释变量引入模型中（赵伟，2012）[193]。

（2）内部现金流，本书使用企业的经营活动现金流量净额与企业资产之比来衡量企业内部现金流，即企业现金流量净额/资产。

（3）出口，用出口占总销售收入的比重来表示，由于出口变量存在很多零观察值，为尽可能避免因缺失值过多所导致的估计偏误，本书将其以 $ln(1+EX/SALES)$ 的形式引入模型中。通常出口企业为应对激烈的国际市场竞争环境，不得不加大自身创新投入，保持产品竞争力。另外，出口这种直接的国际市场参与行为导致企业获得前沿性产品信息，最终使企业自身增加创新投入（王华，2010）[194]。

（4）资本密集度，衡量方法为企业固定资产比雇员总数。通常情况下，资本密集度的增加会促进企业创新投入，表现出创新对企业资本的依赖关系。

（5）行业集中度，使用赫芬达尔－赫希曼指数来控制行业内竞争结构。

（6）企业规模，采用销售收入的对数作为企业规模代理变量。通常情况下，中等规模企业是创新投入的主要力量，因为小企业由于资产匮乏而缺乏创新融资抵押，大型企业由于惰性而缺乏创新动力，但这种关系与微观样本的选取紧密相关，不具有统一性。

（7）企业年龄，为企业从开业到统计年度的时间跨度。随着企业经营期的加长，创新动力有所下降，因为新企业通常要加强产品差异化设计而进行创新投入。

5.3 金融规模对企业两阶段创新投资影响的边界效应

5.3.1 基于所有制分类的实证检验

表5.3和表5.4给出了按所有制区分的金融规模对企业两阶段创新投资过程边界影响的 HECKIT 模型回归结果。通过对比分析来看，金融规模发展对不同所有制企业创新决策和创新投入阶段影响结果相似。第一，当金融规模处于较低水平时（FD Ⅰ），均不能对国企或私企的创新决策或创新投入产生显著影响。这表明，金融规模过低、金融深化不足时，金融发展不足以有效支持和影响企业的创新投资过程。第二，当金融规模逐渐扩张时（FD Ⅱ）对国企和私企创新决策和创新投入产生了差异化影响，金融数量扩张开始对国企创新决策和创新投入产生促进作用，而对私企没有产生显著影响。这表明，金融发展更易于促进国有企业的创新投资过程，且对其影响的门槛程度也更低。第三，当金融规模继续扩张（FD Ⅲ），其对国企和私企创新过程均产生了显著促进影响，但对国企影响程度更大。这表明，金融规模需要达到较高水平（流动性比较充足）才能促进私企创新投资过程。第四，当金融规模达到更高水平（FD Ⅳ），其对国企和私企创新过程的影响又变得不显著。这表明，金融规模过度扩张后，金融发展可能偏离支持企业的创新投资路径，不利于企业创新融资。第五，金融发展对企业创新投资的影响更多通过"集

约边际"还是"扩展边际"？即金融发展是通过增加企业创新投资强度来提高创新规模，还是通过促进更多企业选择进行创新来提高创新规模。通过将金融规模（国企 $FD\,\mathrm{II}$ 和 $FD\,\mathrm{III}$、私企 $FD\,\mathrm{III}$）估计系数进行标准化处理，来比较给出回答。具体计算公式为：

$$b_1 = \alpha_1 \times s(FD)/s(DUMMY)$$
$$b_2 = \beta_1 \times s(FD)/s(RDI) \tag{5.19}$$

其中，α_1 和 β_1 分别表示两阶段金融发展回归系数，$s(\cdot)$ 表示变量的标准误差。若 $b_1 > b_2$ 则说明，金融发展对企业创新投资的扩展边际大于集约边际，反之相反。计算结果显示，b_1 分别为 0.0483、0.0524、0.0421，b_2 分别为 0.0385、0.0405、0.0331。这说明，金融规模对企业创新投资影响的扩展边际大于集约边际，金融发展提高创新投资水平在很大程度上源自促进企业创新决策来实现。

表5.3　　　　　　　　　　　　基于国有企业的实证研究结果

	变量	$FD\ \mathrm{I}$	$FD\ \mathrm{II}$	$FD\ \mathrm{III}$	$FD\ \mathrm{IV}$
创新决策阶段	FD	0.0109 (0.00131)	0.0143* (0.00180)	0.0149* (0.00187)	0.0137 (0.00172)
	TFP	0.00271* (0.00131)	0.00267* (0.00128)	0.00273* (0.00133)	0.00276* (0.00138)
	EX	0.00118 (0.00115)	0.00120 (0.00117)	0.00123 (0.00120)	0.00125 (0.00122)
	CF	0.00118 (0.00248)	0.00119 (0.00250)	0.00117 (0.00246)	0.00120 (0.00252)
	$FD \times CF$	-0.00085 (0.00072)	-0.00103* (0.00092)	-0.00108* (0.00099)	-0.00098 (0.00087)
	K/L	0.00315* (0.00022)	0.00318* (0.00024)	0.00321* (0.00027)	0.00323* (0.00029)
	HHI	0.00525* (0.000730)	0.00528* (0.000734)	0.00531* (0.000739)	0.00532* (0.000741)
	$SIZE$	-0.00220*** (0.00094)	-0.00221*** (0.00092)	-0.00224*** (0.00095)	-0.00226*** (0.00097)
	AGE	-0.00016* (0.00019)	-0.00018* (0.00022)	-0.00021* (0.00025)	-0.00023* (0.00027)
	LOC	0.01128* (0.00627)	0.01126* (0.00625)	0.01125* (0.00623)	0.01129* (0.00628)
	常数项	0.01045 (0.00895)	0.01048 (0.00898)	0.01052 (0.00907)	0.01055 (0.00911)

续表

变量		*FD* I	*FD* II	*FD* III	*FD* IV
创新投入阶段	*FD*	0.0172 (0.00643)	0.0204* (0.00832)	0.0248*** (0.00959)	0.0191 (0.00737)
	TFP	0.00355*** (0.00157)	0.00358*** (0.00161)	0.00359*** (0.00162)	0.00361*** (0.00163)
	EX	0.00156 (0.00121)	0.00159 (0.00124)	0.00160 (0.00126)	0.00161 (0.00128)
	CF	0.00159* (0.00393)	0.00162* (0.00395)	0.00164* (0.00397)	0.00165* (0.00399)
	FD × *CF*	−0.00102 (0.00092)	−0.00111* (0.00104)	−0.00115* (0.00109)	−0.00104 (0.00094)
	K/L	0.00391*** (0.00041)	0.00395*** (0.00046)	0.00397*** (0.00048)	0.00399*** (0.00051)
	HHI	−0.00420* (0.000653)	−0.00423* (0.000656)	−0.00422* (0.000655)	−0.00424* (0.000658)
	SIZE	−0.00158*** (0.00087)	−0.00156*** (0.00085)	−0.00159*** (0.00089)	−0.00161*** (0.00092)
	AGE	−0.00015* (0.00014)	−0.00016* (0.00017)	−0.00018* (0.00019)	−0.00019* (0.00021)
	常数项	0.01021 (0.00879)	0.01022 (0.00881)	0.01024 (0.00883)	0.01026 (0.00885)
	λ	−1.230* (0.493)	−1.228* (0.490)	−1.226* (0.487)	−1.227* (0.489)
	ρ	−0.715	−0.717	−0.714	−0.716
	样本量	4495	4495	4495	4495

注：（ ）内为参数估计量的标准差；*、**、***分别表示在显著水平为10%、5%、1%下通过检验；每个模型中包含行业和年份虚拟变量，为节省篇幅未予列示；*FD* I、*FD* II、*FD* III和*FD* IV分别表示前25%，第二个25%、第三个25%以及后25%分位数。

表 5.4　　　　　　　　基于私营企业的实证研究结果

	变量	FD Ⅰ	FD Ⅱ	FD Ⅲ	FD Ⅳ
创新决策阶段	FD	0.0082 (0.00126)	0.0101 (0.00141)	0.0119* (0.00161)	0.0108 (0.00148)
	TFP	0.00715*** (0.00191)	0.00718*** (0.00195)	0.00720*** (0.00198)	0.00722*** (0.00199)
	EX	0.00211 (0.00216)	0.00209 (0.00213)	0.00212 (0.00218)	0.00213 (0.00220)
	CF	0.00259 (0.00318)	0.00261 (0.00323)	0.00254 (0.00313)	0.00256 (0.00315)
	FD × CF	−0.00074 (0.00066)	−0.00079 (0.00071)	−0.00091* (0.00083)	−0.00084 (0.00076)
	K/L	0.00344*** (0.00030)	0.00346*** (0.00032)	0.00345*** (0.00031)	0.00347*** (0.00034)
	HHI	0.00514* (0.000711)	0.00517* (0.000715)	0.00515* (0.000713)	0.00516* (0.000714)
	SIZE	−0.00443*** (0.00086)	−0.00447*** (0.00091)	−0.00445*** (0.00088)	−0.00448*** (0.00093)
	AGE	0.00014 (0.00012)	0.00011 (0.00010)	0.00010 (0.00008)	0.00016 (0.00014)
	LOC	0.01226* (0.00655)	0.01223* (0.00652)	0.01225* (0.00654)	0.01228* (0.00657)
	常数项	−0.01316*** (0.00641)	−0.01319*** (0.00646)	−0.01321*** (0.00650)	−0.01323*** (0.00652)
创新投入阶段	FD	0.0106 (0.00375)	0.0122 (0.00543)	0.0148* (0.00681)	0.0132 (0.00603)
	TFP	0.01954*** (0.00103)	0.01955*** (0.00105)	0.01957*** (0.00108)	0.01959*** (0.00110)
	EX	0.00261* (0.00292)	0.00263* (0.00294)	0.00266* (0.00298)	0.00265* (0.00296)
	CF	0.00385*** (0.00481)	0.00388*** (0.00483)	0.00390*** (0.00486)	0.00392*** (0.00488)
	FD × CF	−0.00119 (0.00112)	−0.00128 (0.00121)	−0.00141* (0.00133)	−0.00132 (0.00126)

续表

变量		FD Ⅰ	FD Ⅱ	FD Ⅲ	FD Ⅳ
创新投入阶段	K/L	0.00396 *** (0.00049)	0.00399 *** (0.00054)	0.00403 *** (0.00058)	0.00405 *** (0.00061)
	HHI	− 0.00411 * (0.000619)	− 0.00413 * (0.000622)	− 0.00408 * (0.000616)	− 0.00410 * (0.000618)
	SIZE	− 0.00427 *** (0.00064)	− 0.00426 *** (0.00062)	− 0.00428 *** (0.00066)	− 0.00429 *** (0.00068)
	AGE	− 0.00009 (0.00012)	− 0.00011 (0.00014)	− 0.00012 (0.00016)	− 0.00014 (0.00018)
	常数项	0.01280 *** (0.00631)	0.01282 *** (0.00633)	0.01284 *** (0.00635)	0.01285 *** (0.00637)
	λ	− 1.311 * (0.512)	− 1.309 * (0.508)	− 1.307 * (0.506)	− 1.310 * (0.510)
	ρ	− 0.725	− 0.723	− 0.722	− 0.721
	样本量	30129	30129	30129	30129

注：（ ）内为参数估计量的标准差；＊、＊＊、＊＊＊分别表示在显著水平为10%、5%、1%下通过检验；每个模型中包含行业和年份虚拟变量，为节省篇幅未予列示；FD Ⅰ、FD Ⅱ、FD Ⅲ和FD Ⅳ分别表示前25%，第二个25%、第三个25%以及后25%分位数。

金融规模发展（宏观层面）对企业创新过程（微观层面）的影响机理体现在金融规模与企业内部现金流的交叉项（$FD \times CF$），即金融规模扩张可以促使金融资本缓解企业外部创新融资约束，降低企业内部现金流（CF）与创新投资的敏感性，进而促进企业创新决策和创新投入水平（沈红波，2010；梁琪，2014；Yeh，2013）[195~197]。但结果表明，金融深化不足或过度扩张并不能缓解企业的创新投资过程，只有适度的金融规模发展才能够有效参与企业的创新过程，缓解其创新融资约束。

造成上述结果的原因：首先，由于创新项目本身的不确定性和高风险性，当金融规模较低时，金融资源除在生产领域流通外，不足以流入企业的创新领域。而当金融规模过度膨胀时，投机驱动下的金融资本可能大量流入到非生产性领域，最终偏离实体企业创新。只有适度的金融规模才可能有效参与到企业的创新活动中。其次，金融所有权歧视背景下，金融资源偏向于流入到具有政府或国家隐性担保的国有企业中，进而引起金融资本在不同创新效率的融资主体之间的低效配置。因此，金融发展若是表现为单纯的规模扩张，银行主导的金融体系便会表现出非国有企业的创新融资难现象，进而金融门槛也会要求更高。由此，转变规模扩张式金融发展，提升金融功能对促进企业创新活动将具有重要现实意义。

5.3.2　基于行业分类的实证检验

表 5.5 和表 5.6 给出了按行业技术区分的金融规模对企业两阶段创新投资过程边界效应影响的 HECKIT 模型回归结果。通过对比分析可知，金融规模对不同技术企业创新投资阶段影响与对不同所有制企业的非线性影响趋势相似，即随着金融规模由较低到较高的变化，其对不同技术行业企业的影响由不显著变为显著的正向影响、最后又变为不显著。具体来说，对于企业创新决策而言，金融规模在 $FD\ II$ 和 $FD\ III$ 阶段对高技术企业产生显著影响，而仅在 $FD\ III$ 阶段对中低技术企业产生显著影响。对于企业创新投入而言，金融规模同样在 $FD\ II$ 和 $FD\ III$ 阶段对高技术企业产生显著影响，仅在 $FD\ III$ 阶段对中低技术企业产生显著影响。这说明，金融规模门槛在中低技术企业中要求更高。另外，根据式（5.19）计算可得，金融规模对不同技术企业创新投资影响的扩展边际同样大于集约边际。

表 5.5　　　　　　　　　基于高技术企业的实证研究结果

	变量	$FD\ I$	$FD\ II$	$FD\ III$	$FD\ IV$
创新决策阶段	FD	0.0103 (0.00295)	0.0134* (0.00473)	0.0138* (0.00492)	0.0127 (0.00446)
	CF	0.00127 (0.00106)	0.00134 (0.00115)	0.00138 (0.00120)	0.00136 (0.00117)
	$FD \times CF$	−0.00103 (0.00085)	−0.00108 (0.00094)	−0.00114* (0.00105)	−0.00110 (0.00099)

续表

变量		FD Ⅰ	FD Ⅱ	FD Ⅲ	FD Ⅳ
创新投入阶段	FD	0.0156 (0.00278)	0.0183 * (0.00321)	0.0195 *** (0.00352)	0.0174 (0.00305)
	CF	0.00140 * (0.00311)	0.00144 * (0.00318)	0.00148 * (0.00326)	0.00149 * (0.00329)
	FD × CF	− 0.00120 (0.00101)	− 0.00129 * (0.00110)	− 0.00135 * (0.00121)	− 0.00124 (0.00106)
样本量		38170	38170	38170	38170

注：行业技术分类基于 2006 年国家统计局颁布的《高技术产业统计分类目录》；为节约表格长度所占篇幅，其他控制变量的回归结果未予列示；（）内为参数估计量的标准差；＊、＊＊、＊＊＊分别表示在显著水平为 10%、5%、1% 下通过检验；每个模型中包含行业和年份虚拟变量；FD Ⅰ、FD Ⅱ、FD Ⅲ 和 FD Ⅳ 分别表示前 25%，第二个 25%、第三个 25% 以及后 25% 分位数。

表 5.6　　　　　　　　基于中低技术企业的实证研究结果

变量		FD Ⅰ	FD Ⅱ	FD Ⅲ	FD Ⅳ
创新决策阶段	FD	0.0091 (0.00332)	0.0118 (0.00405)	0.0129 * (0.00457)	0.0122 (0.00430)
	CF	0.00655 (0.00215)	0.00671 (0.00226)	0.00684 (0.00238)	0.00691 (0.00241)
	FD × CF	− 0.00153 (0.00131)	− 0.00166 (0.00147)	− 0.00180 * (0.00161)	− 0.00172 (0.00155)
创新投入阶段	FD	0.0095 (0.00402)	0.0129 (0.00534)	0.0155 * (0.00651)	0.0145 (0.00593)
	CF	0.00933 *** (0.00425)	0.00954 *** (0.00441)	0.00973 *** (0.00472)	0.00985 *** (0.00484)
	FD × CF	− 0.00603 (0.00377)	− 0.00691 (0.00412)	− 0.00772 * (0.00484)	− 0.00711 (0.00435)
样本量		44064	44064	44064	44064

注：行业技术分类基于 2006 年国家统计局颁布的《高技术产业统计分类目录》；为节约表格长度所占篇幅，其他控制变量的回归结果未予列示；（）内为参数估计量的标准差；＊、＊＊、＊＊＊分别表示在显著水平为 10%、5%、1% 下通过检验；每个模型中包含行业和年份虚拟变量；FD Ⅰ、FD Ⅱ、FD Ⅲ 和 FD Ⅳ 分别表示前 25%、第二个 25%、第三个 25% 以及后 25% 分位数。

5.3.3 基于区域分类的实证检验

表 5.7 给出了按地区区分的金融规模对企业两阶段创新投资过程影响边界的 HECKIT 模型回归结果。通过对比分析可知,东部地区和中西部地区表现出不同的区域层级特征。对于东部地区而言,随着金融规模的持续扩张(从 FD I 到 FD II),其对企业创新投资阶段的影响从显著变为不显著。但对中西部地区而言,金融规模的扩张使其对企业创新投资阶段的影响从不显著变为显著。另外,西部地区处于 FD II 阶段时对企业创新投资过程影响最为显著,高于东部地区的 FD I 阶段和中部地区的 FD II 阶段。这种金融规模非线性影响的区域差异与我国区域金融非平衡发展政策密切相关,即"东部优先发展、西部大开发、振兴东北老工业基地、中部崛起"。在这种政策背景下,东部地区借助沿海城市开放的外向型经济和蓬勃发展的民营经济,成为金融发展的活跃地带。西部地区依靠国家大开发战略,加速建设薄弱的金融基础。而中部地区,金融发展水平滞后于经济发展,形成了"论速度不如西部,论总量又不如东部的塌陷局面"。但经过长期的积累和扩张,2003 ~ 2012 年,东、中、西部地区的金融规模平均占 GDP 比重达到 119%、82%、104%,尤其是东部最发达的 5 个省市如北京、上海、浙江、天津、广东金融规模平均达到 153%,远远超过金融发展促进经济增长所需要的最优规模上限 110% 左右,而中部地区却没有达到规模下限 90% 左右,只有西部地区介于二者之间,这可能是造成金融规模对企业两阶段创新投资存在影响边界效应的重要原因。对于金融规模边界值的判定,下文将通过门限模型进行深入研究。

表 5.7 基于地区区分的实证研究结果

变量		东部地区		中部地区		西部地区	
		FD I	FD II	FD I	FD II	FD I	FD II
创新决策阶段	FD	0.0131 * (0.00261)	0.0119 (0.00220)	0.0094 (0.00192)	0.0123 * (0.00229)	0.0115 (0.00213)	0.0136 * (0.00278)
	CF	0.00161 (0.00243)	0.00157 (0.00236)	0.00433 (0.00346)	0.00415 (0.00328)	0.0248 (0.00308)	0.0232 (0.00289)
	$FD \times CF$	− 0.00144 * (0.00209)	− 0.00132 (0.00203)	− 0.00177 (0.00149)	− 0.00292 * (0.00215)	− 0.00150 (0.00138)	− 0.00188 * (0.00161)

变量		东部地区		中部地区		西部地区	
		FD Ⅰ	*FD* Ⅱ	*FD* Ⅰ	*FD* Ⅱ	*FD* Ⅰ	*FD* Ⅱ
创新投入阶段	*FD*	0.0152 * (0.00332)	0.0139 (0.00314)	0.0124 (0.00279)	0.0144 * (0.00323)	0.0130 (0.00291)	0.0161 * (0.00355)
	CF	0.00185 * (0.00273)	0.00181 * (0.00266)	0.00543 * (0.00387)	0.00572 * (0.00421)	0.00359 * (0.00314)	0.00364 * (0.00320)
	FD × *CF*	− 0.00162 * (0.00223)	− 0.00154 (0.00216)	− 0.00248 (0.00154)	− 0.00394 * (0.00271)	− 0.00221 (0.00193)	− 0.00292 * (0.00247)
样本量		60076	60076	12631	12631	9527	9527

注：（）内为参数估计量的标准差；* 、 ** 、 *** 分别表示在显著水平为 10%、5%、1% 下通过检验；每个模型中包含行业和年份虚拟变量；*FD* Ⅰ 和 *FD* Ⅱ 分别表示前 50%、后 50% 分位数；为节约表格长度所占篇幅，其他控制变量的回归结果未予列示；东部地区包括：北京、天津、河北、辽宁、上海、江苏、浙江、福建、山东、广东、海南。中部地区包括：山西、内蒙古、吉林、黑龙江、安徽、江西、河南、湖北、湖南。西部地区包括：广西、四川、重庆、贵州、云南、陕西、甘肃、青海、宁夏、新疆、西藏。

5.4 金融效率对企业两阶段创新投资影响的边界效应

5.4.1 基于所有制分类的实证检验

表 5.8 中给出了区分企业所有权性质的金融效率对企业两阶段创新投资边界影响的 HECKIT 模型回归结果，通过对比分析来看，金融效率指标对不同所有制企业创新决策和创新投入阶段影响结果显著不同。

表 5.8　　　　　　　　　　基于所有制区分的实证研究结果

变量		国有企业			私营企业		
		FE Ⅰ	*FE* Ⅱ	*FE* Ⅲ	*FE* Ⅰ	*FE* Ⅱ	*FE* Ⅲ
创新决策阶段	*TECHCH*	0.0095 (0.00087)	0.0106 (0.00108)	0.0133 * (0.00147)	0.0065 (0.00057)	0.0086 (0.00075)	0.0121 * (0.00114)
	PECH	0.0101 (0.00095)	0.0124 * (0.00131)	0.0137 * (0.00151)	0.0084 (0.00073)	0.0097 (0.00091)	0.0123 * (0.00117)

续表

变量		国有企业			私营企业		
		FE Ⅰ	FE Ⅱ	FE Ⅲ	FE Ⅰ	FE Ⅱ	FE Ⅲ
创新决策阶段	SECH	0.0109 (0.00101)	0.0127* (0.00134)	0.0131* (0.00145)	0.0088 (0.00079)	0.0104 (0.00105)	0.0125* (0.00121)
	TFPCH	0.0098 (0.00094)	0.0123* (0.00129)	0.0130* (0.00139)	0.0079 (0.00065)	0.0091 (0.00084)	0.0120* (0.00112)
	TFP	0.00255* (0.00122)	0.00257* (0.00124)	0.00258* (0.00125)	0.00733*** (0.00082)	0.00731*** (0.00085)	0.00738*** (0.00075)
	EX	0.00114 (0.00113)	0.00115 (0.00111)	0.00113 (0.00114)	0.00206 (0.00204)	0.00203 (0.00208)	0.00201 (0.00211)
	CF	0.00115 (0.00246)	0.00117 (0.00242)	0.00112 (0.00251)	0.00255 (0.00308)	0.00258 (0.00303)	0.00252 (0.00311)
	FE×CF	-0.00061 (0.00052)	-0.00085* (0.00074)	-0.00094* (0.00082)	-0.00056 (0.00045)	-0.00069 (0.00060)	-0.00081* (0.00073)
	K/L	0.00328* (0.00028)	0.00330* (0.00021)	0.00334* (0.00017)	0.00350*** (0.00026)	0.00355*** (0.00015)	0.00351*** (0.00021)
	HHI	0.00520* (0.000724)	0.00524* (0.000717)	0.00521* (0.000721)	0.00511* (0.000707)	0.00515* (0.000700)	0.00513* (0.000703)
	SIZE	-0.00216** (0.00085)	-0.00214** (0.00090)	-0.00213** (0.00091)	-0.00440*** (0.00078)	-0.00443*** (0.00072)	-0.00441*** (0.00075)
	AGE	-0.00013* (0.00018)	-0.00015* (0.00021)	-0.00011* (0.00016)	0.00012 (0.00014)	0.00010 (0.00011)	0.00007 (0.00009)
	LOC	0.01137* (0.00649)	0.01132* (0.00655)	0.01134* (0.00652)	0.01231* (0.00663)	0.01228* (0.00669)	0.01223* (0.00677)
	常数项	0.01031 (0.00887)	0.01035 (0.00875)	0.01033 (0.00881)	-0.01312*** (0.00634)	-0.01315*** (0.00628)	-0.01314*** (0.00631)
创新投入阶段	TECHCH	0.0108 (0.00102)	0.0122 (0.00120)	0.0145* (0.00141)	0.0097 (0.00085)	0.0110 (0.00106)	0.0130* (0.00126)
	PECH	0.0118 (0.00115)	0.0132* (0.00129)	0.0148* (0.00144)	0.0105 (0.00102)	0.0114 (0.00112)	0.0134* (0.00131)
	SECH	0.0120 (0.00119)	0.0135* (0.00134)	0.0142* (0.00139)	0.0109 (0.00104)	0.0119 (0.00115)	0.0137* (0.00135)
	TFPCH	0.0115 (0.00112)	0.0129* (0.00127)	0.0140* (0.00136)	0.0107 (0.00103)	0.0119 (0.00117)	0.0132* (0.00129)

续表

变量		国有企业			私营企业		
		FE I	FE II	FE III	FE I	FE II	FE III
创新投入阶段	TFP	0.00352 ** (0.00153)	0.00351 ** (0.00150)	0.00349 ** (0.00159)	0.01942 *** (0.00092)	0.01940 *** (0.00096)	0.01946 *** (0.00089)
	EX	0.00153 (0.00117)	0.00152 (0.00119)	0.00151 (0.00121)	0.00255 * (0.00281)	0.00258 * (0.00274)	0.00257 * (0.00276)
	CF	0.00154 * (0.00388)	0.00155 * (0.00385)	0.00156 * (0.00382)	0.00380 *** (0.00477)	0.00383 *** (0.00472)	0.00381 *** (0.00475)
	FE × CF	− 0.00094 (0.00088)	− 0.00103 * (0.00095)	− 0.00109 * (0.00101)	− 0.00114 (0.00107)	− 0.00125 (0.00118)	− 0.00138 * (0.00129)
	K/L	0.00383 ** (0.00030)	0.00381 ** (0.00035)	0.00386 ** (0.00026)	0.00388 *** (0.00041)	0.00390 *** (0.00033)	0.00392 *** (0.00030)
	HHI	− 0.00412 * (0.000647)	− 0.00415 * (0.000642)	− 0.00413 * (0.000645)	− 0.00407 * (0.000613)	− 0.00405 * (0.000616)	− 0.00402 * (0.000623)
	SIZE	− 0.00155 ** (0.00083)	− 0.00152 ** (0.00089)	− 0.00156 ** (0.00081)	− 0.00423 *** (0.00059)	− 0.00421 *** (0.00064)	− 0.00422 *** (0.00061)
	AGE	− 0.00012 * (0.00022)	− 0.00013 * (0.00025)	− 0.00011 * (0.00019)	− 0.00009 (0.00012)	− 0.00009 (0.00012)	− 0.00010 (0.00014)
	常数项	0.01016 (0.00869)	0.01013 (0.00877)	0.01015 (0.00872)	0.01276 *** (0.00622)	0.01277 *** (0.00620)	0.01279 *** (0.00616)
	λ	− 1.227 * (0.484)	− 1.222 * (0.494)	− 1.224 * (0.489)	− 1.306 * (0.504)	− 1.305 * (0.507)	− 1.301 * (0.512)
	ρ	− 0.710	− 0.712	− 0.711	− 0.722	− 0.720	− 0.721
	样本量	4495	4495	4495	30129	30129	30129

注：FE I、FE II和FE III分别表示前30%、中间40%和后30%分位数；表中控制变量均为金融业全要素生产率TFPCH回归下的结果，由于篇幅限制，技术进步指数、纯技术效率及规模效率下的回归结果未予列示；（）内为参数估计量的标准差；*、**、*** 分别表示在显著水平为10%、5%、1%下通过检验；每个模型中包含行业和年份虚拟变量。

首先，当金融效率处于较低水平时（FE I）均不能对国企或私企的创新决策和创新投入产生显著影响；当金融效率逐渐改善时（FE II）对国企和私企创新决策和创新投入产生了差异化影响，纯技术效率以及规模效率开始对国企创新决策和创新投入产生促进影响，但金融效率没有对私企创新投资产生显著影响。这表明，即使金融业技术前沿不能促进国企创新决策或创新投入，但金融部门引进当前先进管理经验技术便可以促进其创新过程。但现有技术水平对私企创新过程不产生影响，且需要更高的规模效率门槛值；当金融效率达到较高水平时（$FE\ III$），各指标均对企业创新决策和创新投入产生促进影响，最终使得金融全要素生产率对其创新投资过程产生显著影响。但金融效率对国企影响程度更大，技术进步和纯技术效率对其促进作用更明显，而规模效率对私企创新决策和创新投入影响程度更大。这表明，我国当前金融业整体技术水平并不高，适度的金融规模界限仍然是推动私企创新投资过程的主要动力。金融发展促进私企创新过程仍需深化扩展前沿技术水平，并伴随对前沿技术和管理经验的合理应用。

其次，金融效率提升（宏观层面）对企业创新过程（微观层面）的影响机理也体现在金融发展与企业内部现金流的交叉项（$FE \times CF$），即金融全要素生产率改善可以促使金融资本有效缓解企业外部创新融资约束，降低企业的创新融资成本，进而降低企业内部现金流（CF）与创新投资的敏感性，最终促进企业创新决策和创新投入水平。但与前文不同，即直接使用金融规模与现金流乘积项来反映外部金融发展向企业内部资金传导，这一部分还考虑到了金融效率（功能）提升在这个过程中的影响，即金融效率增加了金融资本配置能力，相当于扩大了有效金融规模，最终提高了金融发展对企业创新投资的促进影响。因此，虽然金融规模超越一定门槛值使得金融规模与现金流交叉项开始不能显著影响不同所有制企业创新投资过程，但随着金融效率提升，可以跨越规模门槛带来的不利影响。

最后，根据式（5.19），同样将金融效率 $TFPCH$（$FE\ III$）估计系数标准化处理来比较其对企业创新投资的扩展边际和集约边际的影响程度，结果发现 $b_1 = 0.0387$、0.0332，分别大于 $b_2 = 0.0311$、0.0296，表明金融效率（功能）提升促进企业创新投资更多来源于促进创新决策的企业数量的增加。

造成上述结果的原因：第一，金融效率处于较低水平时，金融发展存在功能缺失。金融部门技术前沿落后、先进管理经验使用和引进不足且规模偏离最优规模较远，不能有效促进企业的创新决策。第二，国企通常具有政府隐性担保，当地区金融部门改进现有技术和管理水平，或金融部门流动性充足，金融发展便可以促进国企进行创新决策。私企创新融资风险较大，只有金融业前沿技术提升并合理使用先进管理技术、金融规模达到较优水平，才能促进私企的创新决策。第三，金融效率达到较高水平时，纯技术效率对国企影响程度逐渐超过规模效率，但规模效率对私企影响程度更大。根据"金融过度论"理论延伸，金融规模越靠近最优规模，对企业创新投入影响程度越大。当金融深化不足或过度发展时，偏离最优规模较远的金融发展不利于企业创新和经济长期增长。此时，金融效率提升是突破规模瓶颈的有效途径，即改善金融业纯技术效率及加强技术前沿对企业创新投入（尤其是技术创新来源主体的私营企业）的影响，金融部门通过功能提升可以在一定程度上缓解金融所有制歧视下的资金错配问题。

5.4.2　基于行业分类的实证检验

表5.9中给出了基于行业性质区分的金融效率对企业两阶段创新投资过程边界影响的 HECKIT 模型回归结果。

表 5.9　　　　　　　　　　　　基于行业技术区分的实证研究结果

变量		高技术企业			中低技术企业		
		FE I	*FE* II	*FE* III	*FE* I	*FE* II	*FE* III
创新决策阶段	*TECHCH*	0.0103 (0.00071)	0.0114 (0.0082)	0.0143 * (0.00134)	0.0071 (0.00044)	0.0093 (0.00061)	0.0129 * (0.00121)
	PECH	0.0113 (0.00081)	0.0124 * (0.00114)	0.0146 * (0.00139)	0.0094 (0.00065)	0.0105 (0.00072)	0.0131 * (0.00124)
	SECH	0.00115 (0.00084)	0.0128 * (0.00119)	0.0139 * (0.00128)	0.0103 (0.00070)	0.0111 (0.00079)	0.0134 * (0.00127)
	TFPCH	0.00110 (0.00080)	0.0123 * (0.00112)	0.0137 * (0.00125)	0.0079 (0.00050)	0.0098 (0.00069)	0.0127 * (0.0119)
	CF	0.00133 (0.00112)	0.00147 (0.00124)	0.00140 (0.00118)	0.00781 (0.00243)	0.00784 (0.00248)	0.00783 (0.00246)
	FE × *CF*	− 0.00092 (0.00077)	− 0.00104 * (0.00089)	− 0.00109 * (0.00095)	− 0.00141 (0.00125)	− 0.00160 (0.00133)	− 0.00171 * (0.00142)

续表

变量		高技术企业			中低技术企业		
		FE Ⅰ	FE Ⅱ	FE Ⅲ	FE Ⅰ	FE Ⅱ	FE Ⅲ
创新投入阶段	TECHCH	0.0120 (0.00114)	0.0134 (0.00125)	0.0173 * (0.00179)	0.0104 (0.00088)	0.0121 (0.00117)	0.0154 * (0.00161)
	PECH	0.0129 (0.00126)	0.0159 * (0.00165)	0.0177 * (0.00182)	0.0112 (0.00104)	0.0132 (0.00140)	0.0159 * (0.00177)
	SECH	0.0137 (0.00132)	0.0167 * (0.00176)	0.0171 * (0.00176)	0.0120 (0.00116)	0.0138 (0.00147)	0.0163 * (0.00183)
	TFPCH	0.0125 (0.00121)	0.0156 * (0.00162)	0.0170 * (0.00174)	0.0111 (0.00103)	0.0129 (0.00130)	0.0155 * (0.00168)
	CF	0.00168 * (0.00224)	0.00176 * (0.00213)	0.00171 * (0.00216)	0.01081 *** (0.00389)	0.01080 *** (0.00387)	0.01085 *** (0.00394)
	FE × CF	− 0.00114 (0.00096)	− 0.00122 * (0.00105)	− 0.00128 * (0.00112)	− 0.00521 (0.00305)	− 0.00632 (0.00352)	− 0.00745 * (0.00394)
样本量		38170	38170	38170	44064	44064	44064

注：FE Ⅰ、FE Ⅱ和FE Ⅲ分别表示前30%、中间40%和后30%分位数；（ ）内为参数估计量的标准差；*、**、***分别表示在显著水平为10%、5%、1%下通过检验；每个模型中包含行业和年份虚拟变量；为节约篇幅，其他控制变量回归结果未予列示。

对比高技术行业和中低技术行业企业可知：

首先，当金融效率处于较低水平时（FE Ⅰ），均没有对各行业企业创新决策和创新投入产生显著影响；当金融效率逐渐改善时（FE Ⅱ），金融业纯技术效率、规模效率进而全要素生产率对高技术行业企业创新决策和创新投入产生了显著促进作用，而金融效率对中低技术行业企业不产生显著影响；当金融效率达到较高水平时（FE Ⅲ），各指标均可以显著促进不同技术企业创新决策和创新投入。

其次，金融效率对不同技术行业企业创新投资影响机理不同。当金融效率处于FE Ⅱ阶段时，改进当前管理经验技术、合理扩张金融规模均有利于促进高技术企业的创新过程，而对中低技术企业影响不显著，此时金融规模效率影响程度更大；当金融效率处于FE Ⅲ阶段时，其对不同技术行业企业均产生了促进作用，但规模效率对高技术企业影响程度下降。对于中低技术企业而言，只有在技术前沿扩展的同时，改善管理经验以及提高规模效率才可以促进其创新决策和创新投入。原因是，虽然高技术企业本身存在更大不确定性，但其价值增长潜力较大，通常受国家政策倾斜和保护，实质降低了融资风险。相反，中低技术企业缺少政府政策扶持或隐性担保，金融部门从其创新收益中得到的好处较少却可能被企业的实质高风险损害，因此对金融效率的门槛值和功能要求也更高。詹（Jan，2012）发现，如果行业增长机遇较大，企业便会更易于获得外部融资[198]。本弗拉泰洛（Benfratello，2008）指出，银行体系发展尤其可以促进高技术部门对外部资金依赖程度较大的企业从事创新。另外需要指出，在金融发展不能有效支持企业创新投资的情况下，高技术企业或国企可以获得来自政府部门的研发补贴，进而弱化了创新融资约束。因此，对中低技术企业而言，从质量层面改善金融发展，对缓解其创新融资约束具有重要意义。

最后，根据式（5.19），通过系数的标准化处理，同样发现金融效率对不同技术企业创新投资影响的扩展边际大于集约边际，表明金融效率（功能）提升促进不同技术行业企业创新投资更多来源于促进创新决策的企业数量的增加。

5.4.3　基于区域分类的实证检验

表5.10中报告了按地区区分的金融效率对企业两阶段创新投资过程的边界影响的HECKIT模型回归结果。对东部地区而言，金融效率处于相对较低水平时（$FE\ I$），纯技术效率以及全要素生产率对企业创新决策和创新投入阶段起到显著影响。金融效率处于较高水平时（$FE\ II$），各金融效率均能够有效参与和促进企业的创新决策和创新投入过程；对中部地区而言，当金融效率处于区域较低水平时（$FE\ I$），均不能影响企业的创新决策和创新投入过程。当金融效率处于区域较高水平时（$FE\ II$），只有规模效率指标能够影响和促进企业的创新决策和创新投入过程；对西部地区而言，当金融效率处于区域较低水平时（$FE\ I$），各效率指标同样没有显著影响企业的创新决策或创新投入。当金融效率处于区域较高水平时（$FE\ II$），金融业纯技术效率、规模效率进而全要素生产率对其创新决策和创新投入阶段起到显著促进作用。

表 5.10 基于地区区分的实证研究结果

变量		东部地区		中部地区		西部地区	
		FE Ⅰ	*FE* Ⅱ	*FE* Ⅰ	*FE* Ⅱ	*FE* Ⅰ	*FE* Ⅱ
创新决策阶段	*TECHCH*	0.0109 (0.0102)	0.0129* (0.00134)	0.0076 (0.00050)	0.0102 (0.00093)	0.0091 (0.00082)	0.0116 (0.00115)
	PECH	0.0123* (0.00120)	0.0133* (0.00138)	0.0098 (0.00088)	0.0111 (0.00112)	0.00108 (0.00104)	0.0125* (0.00129)
	SECH	0.0119 (0.00115)	0.0126* (0.00131)	0.0106 (0.00102)	0.0127* (0.00132)	0.0117 (0.00120)	0.0132* (0.00137)
	TFPCH	0.0121* (0.00117)	0.0128* (0.00132)	0.0096 (0.00085)	0.0110 (0.0106)	0.00113 (0.00115)	0.0123* (0.00126)
	CF	0.0135 (0.00255)	0.0131 (0.00248)	0.00321 (0.00618)	0.00315 (0.00615)	0.0152 (0.00587)	0.0150 (0.00581)
	FE × CF	− 0.00125* (0.00116)	− 0.00138* (0.00126)	− 0.00083 (0.00075)	− 0.00102 (0.00091)	− 0.00106 (0.00098)	− 0.00129* (0.00120)
创新投入阶段	*TECHCH*	0.0110 (0.0108)	0.0137* (0.00145)	0.0087 (0.00071)	0.0105 (0.00098)	0.0102 (0.00094)	0.0118 (0.00121)
	PECH	0.0130* (0.00137)	0.0139* (0.00148)	0.0104 (0.00095)	0.0119 (0.00123)	0.00115 (0.00116)	0.0126* (0.00130)
	SECH	0.0121 (0.00126)	0.0135* (0.00142)	0.0116 (0.00118)	0.0124* (0.00135)	0.0120 (0.00127)	0.0133* (0.00145)
	TFPCH	0.0128* (0.00133)	0.0134* (0.00140)	0.0101 (0.00092)	0.0114 (0.0116)	0.00112 (0.00114)	0.0128* (0.00131)
	CF	0.00380* (0.00338)	0.00374* (0.00330)	0.00628* (0.00305)	0.00667* (0.00311)	0.00527* (0.00450)	0.00524* (0.00446)
	FE × CF	− 0.00141* (0.00124)	− 0.00153* (0.00135)	− 0.00221 (0.00182)	− 0.00243 (0.00201)	− 0.00305 (0.00242)	− 0.00332* (0.00265)
样本量		60076	60076	12631	12631	9527	9527

注：*FE* Ⅰ 和 *FE* Ⅱ 分别表示前50%和后50%分位数；( ) 内为参数估计量的标准差；*、**、***分别表示在显著水平为10%、5%、1%下通过检验；每个模型中包含行业和年份虚拟变量；为节约篇幅，其他控制变量回归结果未予示列；东部地区包括：北京、天津、河北、辽宁、上海、江苏、浙江、福建、山东、广东、海南。中部地区包括：山西、内蒙古、吉林、黑龙江、安徽、江西、河南、湖北、湖南。西部地区包括：广西、四川、重庆、贵州、云南、陕西、甘肃、青海、宁夏、新疆、西藏。

另外，随着东部地区金融规模的扩张，其规模效率开始不具备比较优势，呈现出规模过度扩张和效率之间的倒"U"形关系，进而对企业创新决策和创新投入阶段的促进作用也由显著影响变为不显著（东部地区金融业全要素生产率处于 $FE\ II$ 阶段时，规模效率表现为 $FE\ I$ 阶段特征），而技术进步以及纯技术效率对企业创新决策和创新投入影响逐渐增强，表明东部地区由技术进步和管理经验改善引起的金融效率（功能）提升对企业创新投资过程影响逐渐超过了规模扩张对企业创新投资过程的影响。根据金融过度理论的延伸，金融规模在较优的规模界限内对企业创新投资影响程度越大。当金融深化不足或金融过度发展时，偏离最优规模的金融发展会导致其规模效率降低，进而不利于企业创新投资过程和经济持续增长。此时，金融效率提升是突破规模瓶颈的有效途径。

5.5　金融发展对企业创新投资影响的边界确定

5.5.1　基于门限模型的金融规模对企业创新投资的影响边界

与前文 HECKIT 模型得到的金融规模边界影响特征相似，各变量在95%显著性水平下通过门限效应检验，且规模指标对于不同所有制企业和技术行业企业存在双门槛值，但对于发达和欠发达地区分别存在单门槛值，具体门槛值见表5.11。

表5.11　　　　　　　　　金融规模边界对企业创新投资的影响

变量	国有企业	私营企业	高技术企业	中低技术企业	发达地区	欠发达地区
$FD(q \leqslant \gamma_1)$	0.0181 (1.45)	0.0144 (1.34)	0.0171 (1.41)	0.0150 (1.38)	0.0209 * (1.85)	0.0136 (1.29)
$FD(\gamma_1 < q \leqslant \gamma_2)$	0.0266 ** (2.20)	0.0191 * (1.76)	0.0223 ** (2.09)	0.0188 * (1.73)	— —	— —
$FD(q > \gamma_2)$	0.0195 (1.56)	0.0167 (1.50)	0.0184 (1.54)	0.0172 (1.52)	0.0180 (1.55)	0.0202 * (1.82)

续表

变量	国有企业	私营企业	高技术企业	中低技术企业	发达地区	欠发达地区
样本量	2408	9503	17762	15770	24587	8945
门槛值	(0.70, 1.22)	(0.84, 1.13)	(0.72, 1.19)	(0.88, 1.14)	1.12	0.83

注：（ ）内为变量的 t 统计量；＊、＊＊、＊＊＊ 分别表示在显著水平为 10%、5%、1% 下通过检验；每个模型中包含行业和年份虚拟变量，其他控制变量回归结果未在表中列示；企业所有制分类、行业技术分类方法与前文相同；此部分将中国东部地区定义为经济发达地区，包括北京、天津、河北、辽宁、上海、江苏、浙江、福建、山东、广东，海南 11 个地区，其余中西部地区均归类为经济欠发达地区；各变量的门限值均在 95% 显著性水平下通过显著性检验。

首先，对比分析金融规模边界对国有企业和私营企业创新投资、高技术企业和中低技术企业创新投资的影响。金融规模在较低门槛值 γ_1（0.70 和 0.84，0.72 和 0.88）以下时，金融发展不能显著促进企业的创新投资水平。这些地区主要包括河北、湖南、河南、黑龙江、内蒙古、西藏等地区。金融规模在分别高于门槛值 γ_2（1.22 和 1.13，1.19 和 1.14）时，金融发展同样不能显著促进企业的创新投资水平。这些地区主要包括北京、上海、浙江、宁夏、天津、云南等地区。只有金融规模控制在合理的界限范围内（γ_1，γ_2）时，金融发展才能显著影响企业的创新活动。另外，金融规模门槛值相对于私营企业和中低技术企业创新投资而言范围更窄（γ_1 较高，而 γ_2 较低），说明可利用的政策空间更小。

其次，不同门槛值在不同地区对企业创新投资水平的影响同样存在差异。发达地区在小于门槛值（1.12）一侧对企业创新投资产生显著影响，而在大于门槛值一侧对企业创新投资影响变得不显著。欠发达地区与之相反，在小于门槛值（0.83）一侧对其影响不显著，而在大于门槛值一侧对其产生显著促进影响，且金融规模门槛值在发达地区相对较高。这表明，随着区域金融规模的持续扩张和不平衡发展，部分发达地区在规模达到门槛界限后对企业创新投资的促进作用会逐渐消失，寻求金融质量层面的发展成为迫切需求。

5.5.2　基于门限模型的金融效率对企业创新投资的影响边界

与 HECKIT 模型得到的金融效率边界影响特征相似，各变量在 95% 显著性水平下通过门限效应检验，且各金融效率指标存在单门槛值，具体结果见表 5.12。

表 5.12　　　　　　　　　金融效率边界对企业创新投资的影响

变量		TECHCH	PECH	SECH	TFPCH
国有企业	$FE(q \leqslant \gamma_1)$	0.0155 (1.34)	0.0167 (1.45)	0.0173 (1.51)	0.0164 (1.41)
	$FE(q > \gamma_1)$	0.0204* (1.96)	0.0208* (1.99)	0.0201* (1.92)	0.0198* (1.87)
	样本量	2408	2408	2408	2408
	门槛值	1.010	0.970	0.990	0.950
私营企业	$FE(q \leqslant \gamma_1)$	0.0139 (1.25)	0.0156 (1.40)	0.0164 (1.49)	0.0154 (1.38)
	$FE(q > \gamma_1)$	0.0182* (1.71)	0.0191* (1.81)	0.0195* (1.85)	0.0185* (1.76)
	样本量	9503	9503	9503	9503
	门槛值	1.100	1.040	1.025	1.150
高技术企业	$FE(q \leqslant \gamma_1)$	0.0164 (1.44)	0.0175 (1.53)	0.0179 (1.58)	0.0172 (1.50)
	$FE(q > \gamma_1)$	0.0211** (2.02)	0.0216** (2.08)	0.0208* (1.98)	0.0205* (1.94)
	样本量	17762	17762	17762	17762
	门槛值	1.025	0.980	1.000	0.970
中低技术企业	$FE(q \leqslant \gamma_1)$	0.0143 (1.32)	0.0161 (1.46)	0.0169 (1.55)	0.0159 (1.43)
	$FE(q > \gamma_1)$	0.0189* (1.80)	0.0197* (1.86)	0.0199* (1.89)	0.0191* (1.82)
	样本量	15770	15770	15770	15770
	门槛值	1.110	1.050	1.040	1.132
发达地区	$FE(q \leqslant \gamma_1)$	0.0171 (1.51)	0.0176 (1.55)	0.0159 (1.44)	0.0178 (1.58)
	$FE(q > \gamma_1)$	0.0214** (2.05)	0.0219** (2.11)	0.0188* (1.79)	0.0203* (1.93)
	样本量	24587	24587	24587	24587
	门槛值	1.030	1.020	1.010	1.100

	变量	TECHCH	PECH	SECH	TFPCH
欠发达地区	$FE(q \leq \gamma_1)$	0.0135 (1.19)	0.0145 (1.29)	0.0165 (1.51)	0.0141 (1.24)
	$FE(q > \gamma_1)$	0.0172 (1.54)	0.0187* (1.75)	0.0196* (1.86)	0.0181* (1.68)
	样本量	8945	8945	8945	8945
	门槛值	1.015	0.985	1.005	1.040

注:( )内为变量的 t 统计量;＊、＊＊、＊＊＊分别表示在显著水平为 10%、5%、1% 下通过检验;每个模型中包含行业和年份虚拟变量,其他控制变量回归结果未在表中列示;企业所有制分类、行业技术分类和地区分类方法与表 5.10 相同;各变量的门限值均在 95% 显著性水平下通过显著性检验。

（1）对比分析金融效率门槛对国有企业和私营企业创新投资、高技术企业和中低技术企业创新投资的影响。第一,各金融效率指标在小于门限值 γ_1 一侧,均没有对不同企业创新投入产生显著影响。这些地区主要包括宁夏、黑龙江、河南、安徽、湖南、江西、新疆、湖北、内蒙古、广西、西藏等;对私企而言,这些地区又扩大了贵州、辽宁、青海、山东、甘肃、云南、海南、重庆、河北、陕西等地区。在大于门限值 γ_1 一侧,各效率指标值对企业创新投入均产生了显著促进影响。第二,金融效率门槛值相对于私营企业和中低技术企业来说更高。第三,随着金融效率提高(大于 γ_1),技术进步和纯技术效率对国有企业和高技术企业创新投入的影响程度逐渐超过了规模效率的影响,而规模效率主要影响私营企业和中低技术企业创新投入。这表明,当金融效率处于较低水平时,即金融业前沿技术或管理经验落后、偏离最优规模较远,均不利于企业创新投入;当金融效率逐渐提高(大于 γ_1),其开始显著影响企业创新投入。金融效率边界特征表明,我国金融部门给私营企业或中低技术企业提供创新融资应具有更完善的功能和效率水平。因此,金融发展不应局限于数量扩张,更应注重前沿技术拓展和管理经验改善等金融功能性提升。

（2）对比分析金融效率门槛在不同地区间对企业创新投资的影响。在金融效率小于门槛值 γ_1 一侧,均不能对企业创新投入产生显著影响。在大于门槛值 γ_1 一侧,除技术进步对欠发达地区影响不显著外,其余指标对企业创新投入产生了促进作用。在发达地区，技术进步和纯技术效率对企业创新投入起主要推动作用，但在欠发达地区，规模效率则影响程度最大。这表明，经济发达地区（包括北京、上海、长三角以及珠三角地区）金融业技术处于前沿面、管理水平先进，金融功能相对完善，规模影响逐渐下降（绝对规模较高但规模效率缺乏比较优势），金融业技术进步和纯技术效率更有利于企业创新投入。经济欠发达地区金融业技术前沿落后，规模扩张仍是推动企业创新投入的主要动力，其余影响来自对现有技术和经验引进应用带来的纯技术效率提高。

5.6 本章小结

通过运用三阶段 DEA – Malmquist 指数分解和聚类分析区域金融效率指标，结合工业企业创新投资数据，在区分企业所有权性质、行业技术和地区的基础上使用 HECKIT 模型和门限模型探究金融规模及金融效率对企业创新决策和投资两阶段影响的边界效应。

首先，金融规模深化不足，金融规模过度扩张均不能促进企业两阶段创新投资，只有金融规模在合理的界限内时才能产生显著影响。金融规模发展更易于促进国有企业、高技术行业企业的创新投资过程，且对其影响的门槛程度也更低。金融规模对不同企业创新投资阶段影响的扩展边际大于集约边际，金融发展提高创新投资水平在很大程度上源自促进企业创新决策来实现。金融规模扩张缓解企业创新融资约束的传导机制体现在其降低了企业内部现金流与创新投资的敏感性，但金融深化不足或过度扩张对于降低现金流与创新投资敏感性的效果并不明显。其次，金融效率处于较低水平时不能对企业创新投资阶段产生显著影响，而金融效率超过一定边界值时对不同企业创新阶段产生了差异化影响。金融效率对国企或高技术企业影响程度更大，技术进步和纯技术效率对其促进作用更明显。而规模效率对私企或中低技术企业创新决策和创新投入影响程度更大，且需要更高的规模效率门槛值。我国当前金融业整体技术水平并不高，适度的金融规模界限仍然是推动私企或中低技术企业创新投资过程的主要动力。金融效率（功能）提升促进企业创新投资更多来源于扩展边际而非集约边际。最后，通过门限模型回归得到了金融发展对企业创新投资影响的边界值，金融规模和金融效率分别存在双门槛值和单门槛值。这说明，随着区域金融规模的持续扩张和不平衡发展，部分发达地区在规模达到门槛界限后对企业创新投资的促进作用会逐渐减弱，寻求金融质量层面的发展，即前沿技术拓展和管理经验改善等引起的金融衍生功能提升成为迫切需求，也为金融部门或政府制定差别化的区域金融发展政策提供了理论依据。

| 6 |

结论与展望

当前我国以规模衡量的金融发展水平（M2/GDP 或股票指数）似乎取得了快速增长，但本书通过对金融发展理论的梳理，发现金融发展实际是规模扩张和功能提升的深化过程，并且提出了金融发展的动态演化过程体系，在此基础上构建了金融发展对企业两阶段创新投资影响边界效应的数理模型，从理论上提出了金融发展边界的存在性；通过构建金融功能升级决定的金融发展动态收敛框架分析了区域金融发展收敛的层次性和对应的边界特征；再通过 HECKIT 模型实证检验证明了金融发展对企业创新投资阶段影响边界的存在性，并且通过门限模型求解了相应的边界值。本书为中国金融发展在促进经济增长和创新投资过程中，从规模扩张转变为功能提升提供了理论依据，也为制定区域金融发展的差别化政策提供了理论支持。

6.1 结　论

本书在对金融发展与创新投资影响关系的现有研究的文献梳理和理论论述和分析的基础上，通过构建数理模型和实证研究得到以下主要结论：

（1）通过构建金融规模和金融效率门槛对企业两阶段创新投资的数理模型，探讨了金融发展对企业创新决策和创新投资水平影响的边界作用机理。首先，借鉴菲利普（Philippe，2010）不同类型投资与经济波动关系模型，引入金融市场不完全条件下的融资约束对企业创新决策的影响，发现金融规模或金融效率超过有效边界会导致企业遭受流动性冲击风险的可能性较大，此时企业家会用更多的短期投资来替代创新投资，表现为企业减少长期创新投资决策。只有当金融发展在一定界限内，经济体金融发展程度逐渐改善，企业支付长期流动性冲击的可能性提高，才会更多地将短期投资转换为长期投资，表现为企业做出更多的长期投资决策。其次，借鉴阿吉翁和豪伊特（Aghion & Howiit, 1998）包含资本积累影响的内生经济增长模型，引入金融发展程度对企业创新投资水平的影响，发现金融规模偏离较优水平或者金融效率低下，金融部门不能有效甄别企业家风险，不能将资本以较低成本有效配置到创新企业中，企业创新投入所需的资本品具有高度约束性，进而降低了企业的创新投资水平。当金融发展程度随着金融规模扩张和金融效率提升逐步改善时，金融部门才能将资本以较低价格配置到企业创新融资中，进而有效提高企业的创新投资水平。

（2）在构建金融功能升级决定的区域金融发展收敛分析框架基础上，运用 σ 收敛模型和动态空间 β 收敛模型，探究了我国区域金融发展的层次性以及边界特征。首先，东部地区与全国金融规模特征相似，收敛速度为 -0.026，说明东部地区金融规模收敛特征通常反映出全国金融规模的收敛特征。中部地区金融规模没有表现出显著的收敛特征。西部地区由于国家政策倾斜表现出地区金融规模迅速扩张并呈现收敛趋势，收敛速度为 -0.027。因此，东、中、西部地区金融规模发展呈现出了不同层次性和边界特征：东部地区在金融规模较高条件下，表现出明显的区域金融发展的高层次性和较高的边界值特征。西部地区凭借国家大开发战略表现出后来者居上的政策层次性和边界特征。中部地区则形成了论速度不如西部，论总量又不如东部的塌陷局面，呈现出区域金融规模发展的低层次性和较低的边界值特征。其次，东部地区非国有企业工业产值占地区工业总产值变动与金融结构变动存在正向相关关系，而中、西部地区则不显著。这表明，只有在东部地区经济结构转变过程中，金融市场发展和银行体系发展在相对规模上也发生相应变化。另外，在区域金融自身发展能力存在缺陷的情况下，各地区内部成员金融结构存在显著差异，没有出现金融结构收敛特征。因此，东、中、西部地区金融结构呈现出了不同层次性和边界特征：东部地区逐渐完善金融发展对实体经济的服务和支持作用，金融功能逐步实现向高层次衍生功能的转变，具有高边界值特征；西部地区在国家政策扶持下金融发展开始进入调结构促效率的金融功能提升阶段，具有中等层次性和边界值特征；中部地区由于金融市场发展相对落后，金融结构存在着与经济结构严重不匹配问题，具有较低的层次性和边界值特征。最后，东部地区金融效率表现出显著的收敛趋势，收敛速度为 −0.103。西部地区收敛特征不显著，而中部地区则出现显著的发散趋势，发散速度为 1.019。因此，东、中、西部地区金融效率呈现出了不同层次性和边界特征：东部地区在金融规模收敛的情况下，逐步调整实现金融结构与经济结构的匹配，进一步效率提升并呈现收敛趋势，表现出我国金融发展的高层次性和高边界值特征；西部地区虽然表现出国家政策推动下的金融规模收敛，但金融结构与区域经济结构匹配程度较弱，最终导致区域金融效率没有呈现显著的收敛特征，具有区域金融发展的中等层次性和边界值特征；中部地区金融规模、金融结构均没有表现出收敛特征，同时与经济结构匹配程度薄弱，最终出现金融效率发散特征，表现出我国区域金融发展的低层次性和低边界值特征。

（3）运用三阶段 DEA – Malmquist 指数分解和聚类分析区域金融效率指数，结合工业企业创新投资数据，在区分企业所有权性质、行业技术和地区的基础上使用 HECKIT 模型和门限模型探究金融规模及金融效率对企业创新决策和投资两阶段的影响边界。第一，东部地区主要表现为技术进步和技术效率双高型特征，但地区技术效率的高水平来自纯技术效率的带动，而规模效率不具有比较优势；大部分西部地区和少数东部地区表现为高技术效率低技术进步型特征，这些地区能够合理引进先进管理技术经验，且金融规模处于较优水平，但技术前沿面处于较低水平；大部分中部地区和少数西部地区表现为技术进步和技术效率双低型特征，即引进先进管理经验技术不足，并且金融业规模较低，出现规模和效率提升的两难困境。第二，金融规模深化不足，金融规模过度扩张均会导致金融发展偏离企业创新投资过程，不能促进企业两阶段创新投资，只有金融规模在合理的界限内时才能产生显著影响。金融规模发展更易于促进国有企业、高技术行业企业的创新投资过程，且对其影响的门槛程度也更低。金融规模对不同企业创新投资阶段影响的扩展边际大于集约边际，金融发展提高创新投资水平在很大程度上源自促进企业创新决策来实现。不同地区金融规模对企业创新投资阶段的影响边界不同。东部地区金融规模持续扩张对企业创新投资阶段的影响从显著变为不显著，而中、西部地区金融规模的扩张使其对企业创新投资阶段的影响从不显著变为显著。第三，金融效率处于较低水平时不能对企业创新投资阶段产生显著影响，而金融效率超过一定边界值则对不同企业创新投资阶段产生了差异化影响。金融效率对国企或高技术企业影响程度更大，技术进步和纯技术效率对其促进作用更明显。而规模效率对私企或中低技术企业创新决策和创新投入影响程度更大，需要更高的规模效率边界值。我国当前金融业整体技术水平并不高，适度的金融规模界限仍然是推动私企或中低技术企业创新投资过程的主要动力。金融效率提升促进企业创新投资更多来源于扩展边际而非集约边际。随着金融效率的提高，不同地区对企业创新投资阶段影响表现出了差异化特征。东部地区技术进步以及纯技术效率对企业创新决策和创新投入影响逐渐增强，规模效率开始不具备比较优势。中部地区只有规模效率指标能够显著促进企业的创新决策和创新投入过程。西部地区金融业纯技术效率、规模效率进而全要素生产率对企业创新决策和创新投入阶段起到显著促进作用。第四，运用门限模型得到了金融发展对企业创新投资影响的边界值，金融规模和金融效率分别存在双门槛值和单门槛值。这说明，随着区域金融规模的持续扩张，部分发达地区在规模达到边界值后对企业创新投资的促进作用会逐渐减弱，寻求金融质量层面的改善，即前沿技术拓展和管理经验改善等引起的金融衍生功能提升成为迫切需求，也为金融部门或政府制定差别化的区域金融发展政策提供了理论依据。

6.2 政策建议

（1）我国金融体制的改革一直滞后于经济体制改革，且粗放型的金融扩张模式使得我国金融体系的效率水平还有较大的提升空间，金融资本还没有获得合理优化配置，造成了金融资源的浪费，不利于我国经济增长方式的转变及产业结构的优化升级。尤其是经济落后地区的金融发展过程应尽力通过金融机构内部治理水平的提高、地区间金融机构的合作等手段提高金融体系效率，保证地区间金融的平衡发展。因此，未来我国金融体制改革与金融发展过程中应更加注重"质"层面的发展，即在金融规模控制在有效边界的基础上，优化金融结构、改善金融功能，逐渐改善金融发展量性增长有余，质性发展不足的局面。

（2）金融规模与金融体系效率对企业创新投资过程影响的非线性关系表明，未来金融发展对企业创新投资的贡献将更多地取决于效率层面，决策部门与地方政府应充分注重这一点，并考虑到金融发展与金融效率与创新投资过程之间的"门槛效应"，有针对性地制定差异化区域金融发展层级策略，包括当金融规模发展不足时，应予以考虑增加信贷供给规模，有效缓解金融深化不足对企业创新投资产生的抑制影响；当金融规模扩张达到一定有效边界时，应转型调结构提效率，努力突破金融规模对企业创新投资影响的瓶颈，构建金融规模扩张、金融效率改善与创新投资增长的良性互动机制使，防止陷入流动性过度带来的资产泡沫化，降低金融规模过度助推的金融发展偏离实体经济创新投资危害；当金融规模扩张已超过一定有效边界，导致地区资本过度深化，最终偏离了当地资源禀赋所决定的最优资本配置水平，降低了资本效率。此时，应合理控制信贷供给规模，加强金融功能的提升，将金融资本有效配置到创新领域中，以获取经济长远增长动力。

（3）加强金融功能建设，提高金融从业人员的技术水平。强化对创新项目的风险甄别过程，不能单靠金融所有制歧视的方法降低创新资金配置风险。适当的引入社会资本，强调直接融资与间接融资协调发展。针对不同性质企业的情况采取不同措施，尤其为中小企业提供多层次、多渠道融资体系。加快利率市场化进程，使得原来银行关注较少的私营企业成为它们新的上帝，也要求银行的风险管理水平相应地发生质的飞跃。

（4）完善金融市场的建设，优化金融结构。不论是传统制造业还是新型服务业或技术创新企业都更需要的是股权，但银行不能供给，而其他的金融机构又供给不足。一方面，中国上万亿巨大的银行存款贷不出去；另一方面，实体经济急需股权资本又难以从国内资本市场上融资。如果不能更广泛开拓资金运用渠道，在"限制下供应的金融资产"的价格必然过快增长。一个有规模、有深度的金融市场不仅可以缓和银行改革不完全到位引发的信贷配给问题，而且还会快速吸收经济中过多的流动性，避免资产泡沫。另外，中国企业债券市场表现出上市审批程序复杂，门槛过高；利率单一，不能体现企业差别等问题。需要通过改革，做到在审核方面，按市场化原则取消全年 1~2 批的传统方式，转变为成熟一家核准一家，同时规范风险控制机制，适当降低发债门槛，以加大企业债券供应量；在发行方面，以利率市场化为基准，体现不同发行企业差别定价。使中国企业债券市场进入按市场化运作的良性发展轨道，使其规模不断扩大，成为金融市场的重要组成部分。

6.3　展　　望

本书在沿着金融发展理论的演化脉络，将理论机理分析与实证研究置于同一个框架之下，并试图验证理论模型的基本结论。但由于受到工业企业创新投资数据的时间范围限制，本书虽然数据数量较为庞大，但时间跨度较小，即面板数据宽而短。因此，研究结论的普适性受到限制，需要有时间范围更广泛的微观数据进行支持并解决可能存在的内生性问题。在未来的研究计划中，试图改变样本选择范围，即从工业企业转变为中国上市企业数据，这类数据可以弥补时间跨度上的不足，但样本量通常较小，即面板数据窄而长。

本书在使用门限模型进行实证分析的过程中，由于模型本身要求数据保持平衡性，进而导致金融发展对企业创新决策阶段的影响边界研究并不适用于门限模型，只能找到金融发展对企业创新投资阶段影响的边界值。在未来的研究工作中，如何从实证层面寻找金融发展对企业创新决策的影响边界值是本书需要进一步思考的问题。

本书中金融发展对企业创新投资影响边界效应的理论模型有待于进一步深化，预计未来可以扩展现有模型，分别从金融规模和金融效率角度独立阐述。另外，本书在金融效率的衡量方法上更多从相对变化的视角，未来可以从累计量的角度对全要素生产率变动指数进行改进和完善。

附　　录

泊松分布概述

第 3 章中假定每个部门的创新服从泊松过程，在数学意义上，本书做出如下解释：

假设某种随机事件 X 被一个泊松过程控制，该泊松过程具有一个特定抵达率 μ，这意味着等待 X 能够发生的时间 T 是一个随机的变量，其分布特征为参数 μ 的指数分布：

$$F(T) = 事件 X 在时间 T 之前发生的概率 = 1 - e^{-\mu T}$$

此时，T 的概率密度表示为：

$$f(T) = f'(T) = \mu e^{-\mu T}$$

上式说明，事件在 T 和 $T + dT$ 间发生的概率为 $\mu e^{-\mu T}$。另外，事件 X 从现在到 dT 之间发生的可能性为 μdt。在这种意义上讲，μ 是事件在每单位时间可能会发生的概率，或称为事件 X 的流概率。

例如，一个创新投资者发现第 $t + 1$ 个事件由抵达率为 λ 的泊松分布决定，则套利等式中 λV_{t+1} 该创新投资者的预期收入，在跨度为 dt 的短期内该投资者有可能以 λdt 的概率进行价值为 V_{t+1} 的创新。

如果 X_1 和 X_2 为相互独立的泊松过程控制的两个不同事件，且抵达速度分别为 μ_1 和 μ_2，那么至少有一个事件发生的流概率为两个独立事件分别发生的流概率之和：$\mu_1 + \mu_2$。即，独立的泊松过程是可加的。因此，文中当 n 个独立创新投资者以不变泊松抵达率 μ 进行创新时，整个经济体的泊松抵达率即为每个抵达速度之和。

如果发生一系列独立事件，每个过程均有同样的抵达率 μ，那么稳定增长均衡下的预期抵达数目就是抵达率 λn。

在任何时间段 Δ 内，事件发生的数目也具有泊松分布，分布函数可以表示为：

$$g(x) = 事件 \ X \ 发生的概率 = \frac{(\mu\Delta)^x e^{\mu\Delta}}{x!}$$

其预期价值为抵达率乘以时间长度 $\mu\Delta$。

参考文献

［1］逄金玉. 金融服务实体经济解析［J］. 管理世界, 2012（5）: 170 - 171.

［2］陈道富. 金融与实体经济之间鸿沟变深变险［N］. 上海证券报, 2013 - 09 - 18（5）.

［3］成力为, 戴小勇. 研发投入分布特征与研发投资强度影响因素的分析——基于我国 30 万个工业企业面板数据［J］. 中国软科学, 2012（8）: 152 - 165.

［4］陈实, 章文娟. 中国 R&D 投入强度国际比较与分析［J］. 科学学研究, 2013, 31（7）: 1022 - 1031.

［5］Goldsmith R W. Financial Structure and Development［M］. New Haven: Yale University Press, 1969: 21 - 78.

［6］Thorsten Beck, George Clarke, Alberto Groff, et al. New tools in comparative political economy: The database of political institutions［J］. World Bank Economic Review, 2001, 15（1）: 165 - 176.

［7］Levine R. Bank - Based or Market - Based Financial Systerms: Which Is Better?［J］. Journal of Financial Intermediation, 2002, 11（4）: 398 - 428.

［8］Barajas A, Beck T, Dabla - Norris E, et al. Too Cold, Too Hot, Or Just Right? Assessing Financial Sector Development Across the Globe［R］. IMF Working Paper, 2012.

［9］Subash S. Foreign Direct Investment and R&D: Substitutes or Complements—A Case of Indian Manufacturing after 1991 Reforms [J]. World Development, 2011, 39 (7): 1226 – 1239.

[10] 马淑琴, 王江杭. 融资约束与异质性企业出口前沿研究述评 [J]. 国际贸易问题, 2014 (11): 164 – 176.

[11] 李坤望, 刘健. 金融发展如何影响双边股权资本流动 [J]. 世界经济, 2012 (8): 22 – 39.

[12] Yang H, Chen Y H. R&D, productivity, and exports: Plant-level evidence from Indonesia [J]. Economic Modelling, 2012, (29): 208 – 216.

[13] 解维敏, 方红星. 金融发展、融资约束与企业研发投入 [J]. 金融研究, 2011, (05): 171 – 183.

[14] Fazzari S, Hubbard G, Peterson B. Financing Constraints and Corporate Investment [J]. Brookings Paper on Economic Activity, 1988 (1): 141 – 206.

[15] Rajan R G, Zingales L. Financial dependence and growth [J]. American Economic Review, 1998, 88 (3): 559 – 586.

[16] Kim C – S, Mauer D C, Sherman A E. The determinants of corporate liquidity: theory and evidence [J]. Journal of Financial and Quantitative Analysis, 1998, 33: 335 – 359.

[17] Almeida H, Campello M, Weisbach M S. The cash flow sensitivity of cash [J]. Journal of Finance, 2004, 59 (4): 1777 – 1804.

[18] Han S, Qiu J. Corporate precautionary cash holdings [J]. Journal of Corporate Finance, 2007, 13: 43 – 57.

[19] Acharya V V, Almeida H, Campello M. Is cash negative debt? A hedging perspective on corporate financial policies [J]. Journal of Financial Intermediation, 2007, 17: 515 – 554.

[20] Kim H, Lee P M. Ownership structure and the relationship between financial slack and R&D investments: evidence from Korean firms [J]. Organization Science, 2008, 19 (3): 404 – 418.

[21] Guariglia A, Liu X, Song L. Internal finance and growth: Microeconometric evidence on Chinese firms [J]. Journal of Development Economics, 2011, 96 (1): 79 – 94.

［22］ Bates T W, Kahle K M, Stulz R M. Why do U. S. firms hold so much more cash than they used to? ［J］. Journal of Finance, 2009, 64: 1985 – 2021.

［23］ Brown J R, Fazzari S M, Petersen B C. Financing innovation and growth: cash flow, external equity, and the 1990s R&D boom ［J］. The Journal of Finance, 2009, 64 (1): 151 – 185.

［24］ Brown J R, Petersen B C. Cash holdings and R&D smoothing ［J］. Journal of Corporate Finance, 2011 (17): 694 – 709.

［25］ Hall B H, Lerner J. The Financing of R&D and Innovation ［J］. Handbook of the Economics of Innovation, 2010, 1 (8): 609 – 639.

［26］ 鞠晓生, 卢荻, 虞义华. 融资约束、营运资本管理与企业创新可持续性 ［J］. 经济研究, 2013 (1): 4 – 16.

［27］ Subash S, Lukose P J, Surenderrao K. Financing constraints and investments in R&D: Evidence from Indian manufacturing firms ［J］. The Quarterly Review of Economics and Finance, 2015, 55: 28 – 39.

［28］ Angelini P, Cetorelli N. Bank competition and regulatory reform: the case of the Italian banking system ［J］. Journal of Money Credit and Banking, 2003, 35: 663 – 684.

［29］ Ogawa K. Debt, R&D investment and technological progress: A panel study of Japanese manufacturing firms'behavior during the 1990s ［J］. J. Japanese Int. Economies, 2007, 21: 403 – 423.

［30］ Aghion P, Bloom N, Blundell R, et al. Competition and innovation: an Inverted U relationship ［J］. Quarterly Journal of Economics, 2005, 120: 701 – 728.

［31］ Colombage S R N. Financial markets and economic performances: empirical evidence from five industrialized economies ［J］. Res. Int. Bus. Financ. , 2009, 23: 339 – 348.

［32］ Shin M, Kim S. The effects of cash holdings on R&D smoothing of innovative small and medium sized enterprises ［J］. Asian Journal of Technology Innovation, 2011, 19 (2): 169 – 183.

［33］ 郝颖, 刘星. 市场化进程与上市公司 R&D 投资: 基于产权特征视

角 ［J］. 科研管理, 2010, 31 (4): 81 - 90.

　　［34］Chowdhury R H, Maung M. Financial market development and the effectiveness of R&D investment: Evidence from developed and emerging countries ［J］. Research in International Business and Finance, 2012, 26: 258 - 272.

　　［35］Kang K N, Park H. Influence of government R&D support and inter-firm collaborations on innovation in Korean biotechnology SMEs ［J］. Technovation, 2012, 32: 68 - 78.

　　［36］Chen J, Chen J. Investment-cash flow sensitivity cannot be a good measure of financial constraints: Evidence from the time series ［J］. Journal of Financial Economics, 2012, 103: 393 - 410.

　　［37］Meuleman M, De Maeseneire W. Do R&D subsidies affect SMEs'access to external financing? ［J］. Research Policy, 2012, 41: 580 - 591.

　　［38］孙晓华, 王昀, 徐冉. 金融发展、融资约束缓解与企业研发投资 ［J］. 科研管理, 2015, 36 (5): 47 - 54.

　　［39］Keller W, Yeaple S R. Multinational Enterprises, International Trade, and Productivity Growth: Firm - Level Evidence from the United States ［J］. The Review of Economics and Statistics, 2010, 91 (4): 821 - 832.

　　［40］Aghion P, Angeletos G M, Banerjee A, et al. Volatility and growth: Credit constraints and the composition of investment ［J］. Journal of Monetary Economics, 2010, 57 (4): 246 - 265.

　　［41］Maskus K E, Neumann R, Seidel T. How national and international financial development affect industrial R&D ［J］. European Economic Review, 2012, 56 (1): 72 - 83.

　　［42］罗长远, 陈琳. FDI 是否能够缓解中国企业的融资约束 ［J］. 世界经济, 2011, 34 (4): 42 - 61.

　　［43］Myers S C, Majluf N S. Corporate financing and investment decisions when firms have information that investors do not ［J］. Journal of Financial Economics, 1984, 13: 187 - 221.

　　［44］Aghion P, Bond S, Klemm A, et al. Technology and financial structure: are innovative firms different? ［J］. Journal of the European Economic Association, 2004, 2 (2): 277 - 288.

［45］ Kose M A, E. Prasad K, Rogoff, S Wei. Financial Globalization: A Reappraisal ［J］. Palgrave Macmillan Journals, 2009, 56 (1): 8 - 62.

［46］ Markusen J R. Multinational Firms and the Theory of International Trade ［J］. Journal of Economics, 2004, 81 (3): 284 - 287.

［47］ Manova K. Credit constraints, equity market liberalizations and international trade ［J］. Journal of International Economics, 2008, 76 (1): 33 - 47.

［48］ Allen F, D Gale. Comparing Financial Systems ［M］. US: The MIT Press, 2000: 50 - 87.

［49］ 林毅夫, 孙希芳, 姜烨. 经济发展中的最优金融结构理论初探 ［J］. 经济研究, 2009 (8): 4 - 17.

［50］ 林毅夫, 徐立新. 金融结构与经济发展相关性的最新研究进展 ［J］. 金融监管研究, 2012 (3): 4 - 20.

［51］ King L. Finance, Entrepreneurship and Growth: Theory and Evidence ［J］. Journal of Monetary Economics, 1993c, 32 (3): 513 - 542.

［52］ Benfratello L, Schiantarelli F, Sembenelli A. Banks and innovation: Microeconometric evidence on Italian firms ［J］. Journal of Financial Economics, 2008 (90): 197 - 217.

［53］ Karjalainen P. R&D investments: The effects of different financial environments on firm profitability ［J］. J. of Multi. Fin. Manag. , 2008, 18: 79 - 93.

［54］ Baum C F, Schäfer D, Talavera O. The impact of the financial system's structure on firms'financial constraints ［J］. Journal of International Money and Finance, 2011, 30: 678 - 691.

［55］ Xiao S, Zhao S. Financial development, government ownership of banks and firm innovation ［J］. Journal of International Money and Finance, 2012, 31: 880 - 906.

［56］ Wang T, Thornhill S. R&D investment and financing choices: A comprehensive perspective ［J］. Research Policy, 2010, 39: 1148 - 1159.

［57］ Degryse H, Ongena S. Bank relationships and firm profitability ［J］. Financial Management, 2001, 30 (1): 9 - 34.

［58］David P, O'Brien J P, Yoshikawa T. The implications of debt heterogeneity for R&D investment and firm performance ［J］. Academy of Management Journal, 2008, 51 (1): 165 – 181.

［59］Boot A W A. Relationship banking: What do we know? ［J］. Journal of Financial Intermediation, 2000, 9: 7 – 25.

［60］La Porta R, Lopez-de – Silanes F, Shleifer A. The economic consequences of legal origins ［J］. J. Econ. Lit. , 2008, 46: 285 – 332.

［61］Martinsson G. Equity financing and innovation: Is Europe different from the United States? ［J］. Journal of Banking & Finance, 2010, 34: 1215 – 1224.

［62］Brown J R, Bruce C. Petersen. Public entrants, public equity finance and creative destruction ［J］. Journal of Banking & Finance, 2010, 34: 1077 – 1088.

［63］Brown J R, Martinsson Gustav, Petersen B C. Law, Stock Markets, and Innovation ［J］. Journal of Finance, 2013, 68 (4): 1517 – 1549.

［64］Jaemin Cho, Jaeho Lee. The venture capital certification role in R&D: Evidence from IPO underpricing in Korea ［J］. Pacific – Basin Finance Journal, 2013, 23: 83 – 108.

［65］Song M, Droge C, Hanvanich S, et al. Marketing and technology resource complementarity: An analysis of their interaction effect in two environmental contexts ［J］. Strategic Management Journal, 2005, 26 (3): 259 – 276.

［66］龚强, 张一林, 林毅夫. 产业结构、风险特性与最优金融结构 ［J］. 经济研究, 2014 (4): 4 – 16.

［67］陈昆玉. 企业自主创新的融资行为及其对成长的影响 ［J］. 管理工程学报, 2015, 29 (2): 56 – 63.

［68］祝丹涛. 金融体系效率的国别差异和全球经济失衡 ［J］. 金融研究, 2008 (8): 29 – 38.

［69］Czarnitzki D. Research and Development: Financial Constraints and the Role of Public Funding for Small and Medium-sized Enterprises ［R］. ZEW Centre for European Economic Research, 2003.

［70］Blonigen B, Taylor C. R&D activity and acquisitions in high technology industries: evidence from the US electronics industry ［J］. Journal of Industrial

Economics, 2000, 47 (1): 47 – 71.

[71] Rosenkopf L, Almeida P. Overcoming local search through alliances and mobility [J]. Management Science, 2003, 49: 751 – 766.

[72] Cassiman B, Colombo M, Garrone P, et al. The impact of M&A on the R&D process: an empirical analysis of the role of technological and market related-ness [J]. Research Policy, 2005, 2: 34 – 45.

[73] Bertrand O, Zuniga M. R&D and M&A: are cross-border M&A different? An investigation on OECD countries [J]. International Journal of Industrial Organization, 2006, 24: 401 – 423.

[74] Love J, Roper S. Internal versus external R&D: a study of R&D choice with sample selection [J]. International Journal of the Economics of Business, 2002, 9 (2): 239 – 255.

[75] Cassiman B, Veugelers R. In search of complementarity in innovation strategy: internal R&D and external knowledge acquisition [J]. Management Science, 2006, 52 (1): 68 – 82.

[76] Veugelers R. Internal R&D expenditures and external technology sourcing [J]. Research Policy, 1997, 26: 303 – 315.

[77] Kathuria V. The impact of FDI inflows on R&D investment by medium- and high-tech firms in India in the post-reform period [J]. Transnational Corporations, 2008, 17 (2): 45 – 66.

[78] Nelson R R. The challenge of building an effective innovation system for catch-up [J]. Oxford Development Studies, 2004, 32 (3): 365 – 374.

[79] Annique U A, Cuervo – Cazurra A. Do subsidiaries of foreign MNEs invest more in R&D than domestic firms? [J]. Research Policy, 2008, 37 (10): 1812 – 1828.

[80] Kumar N, Aggarwal A. Liberalisation, outward orientation and in-house R&D activity of multinational and local firms [J]. Research Policy, 2005, 34 (4): 441 – 460.

[81] Fan C S, Hu Y. Foreign direct investment and indigenous technological efforts: Evidence from China. Economics Letters, 2007, 96 (2): 253 – 258.

［82］ Bertrand O. Effects of foreign acquisitions on R&D activity： Evidence from firm-level data for France ［J］. Research Policy, 2009, 38： 1021 – 1031.

［83］ Di Minin A, Zhang J, Gammeltoft P. Chinese foreign direct investment in R&D in Europe： A new model of R&D internationalization? ［J］. European Management Journal, 2012, 4： 45 – 57.

［84］ De Maeseneire W, Claeys T. SMEs, foreign direct investment and financial constraints： The case of Belgium ［J］. International Business Review, 2012, 21： 408 – 424.

［85］ Lin J Y, Sun X, Jiang Y. Endowment, Industrial Structure and Appropriate Financial Structure： A New Structural Economics Perspective ［J］. Journal of Economic Policy Reform, 2013, 16 (2)： 1 – 14.

［86］ Merton R. A Functional Perspective of Financial Intermediation ［J］. Financial Management, 1995 (2)： 23 – 41.

［87］ Beck T, Levine R. Stock Markets, Banks, and Growth： Panel Evidence ［J］. Journal of Banking and Finance, 2004, 28 (3)： 423 – 442.

［88］ 戴静，张建华. 金融所有制歧视、所有制结构与创新产出 ［J］. 金融研究, 2013 (5)： 86 – 97.

［89］ 刘瑞明. 金融压抑、所有制歧视与增长拖累——国有企业效率损失再考察 ［J］. 经济学 (季刊), 2011, 10 (2)： 603 – 618.

［90］ 邵挺. 金融错配，所有制结构与资本回报率：来自 1999 – 2007 年我国工业企业的研究 ［J］. 金融研究, 2010, (9)： 47 – 63.

［91］ 程海波，于蕾，许治林. 资本结构、信贷约束和信贷歧视：上海非国有中小企业的案例 ［J］. 世界经济, 2005 (8)： 67 – 72.

［92］ Antràs P, Caballero R J. Trade and Capital Flows： A Financial Frictions Perspective ［J］. The Journal of Political Economy, 2009, 117 (4)： 701 – 744.

［93］ Chang – Tai Hsieh, Peter J Klenow. Misallocation and Manufacturing TFP in China and India ［J］. The Quarterly Journal of Economics, 2009, 124 (4)： 1403 – 1448.

［94］ 彭俞超. 金融功能观视角下的金融结构与经济增长 ［J］. 金融研

究，2015（1）：32 – 49.

［95］ Howitt P, Aghion P. Capital Accumulation and Innovation as Complementary Factors in Long – Run Growth［J］. Journal of Economic Growth, 1998（3）：111 – 130.

［96］ McKinnon R. Money and Capital in Economic Development［M］. US：Brookings Institution Press, 1973：29 – 77.

［97］ Shaw E. Financial Deepening in Economic Development［M］. US：Oxford University Press, 1973：31 – 71.

［98］ Hellmann T, Murdock K, Stiglitz J. Financial Restraint：Toward a New Paradigm in the Role of Government in East Asian Economic Development Comparative Institutional Analysis［M］. US：Clarendon Press, 1997：163 – 207.

［99］ 青木昌彦，等. 政府在东亚经济发展中的作用——比较制度分析［M］. 北京：中国经济出版社，1998：23 – 59.

［100］ Arcand J, Berkes E, Panizza U. Too Much Finance?［R］. IMF Working Paper, 2012.

［101］ Cecchetti S, Kharroubi E. Reassessing the Impact of Finance on Growth［R］. BIS Working Paper, 2012.

［102］ 杨友才. 金融发展与经济增长——基于我国金融发展门槛变量的分析［J］. 金融研究，2014（2）：59 – 71.

［103］ Rodrik D. The Globalization Paradox：Democracy and the Future of the World Economy［M］. WW Norton & Co, 2011：40 – 52.

［104］ Rodrik D, A Subramanian. Why Did Financial Globalization Disappoint?［R］. Working Paper, 2008.

［105］ Gerschenkron A. Economic Backwardress in Historical Perspective［M］. Economic backwardress in historical perspective, 1962：67 – 98.

［106］ Diamond D W. Financial Structure and Delegated Monitoring［J］. The Review of Economic Studies, 1984, 51（3）：393 – 414.

［107］ Lin J Y. New Structuarl Economics：A Framework For Rethinking Development and Policy［M］. World Bank Publications, 2012：11 – 31.

［108］ 张磊. 后起经济体为什么选择政府主导型金融体制［J］. 世界经

济，2010 (9)：134 – 158.

　[109] Stulz R. Does Financial Structure Matter for Economic Growth：A Cross-country Comparison of Banks，Markets and Development [R]. eds. Demirguc – Kunt Asli and Ross Levine，2001：143 – 188.

　[110] Rajan R G. Insiders and Outsiders：The Choice between Informed and Arm's Length Debt [J]. The Journal of Finance，1992，47 (4)：1367 – 1400.

　[111] Beck T，Demirgüç – Kunt A，Laeven L，et al. Finance，Firm Size and Growth [J]. Journal of Money，Credit and Banking，2008，40 (7)：1379 – 1405.

　[112] Beck T，Demirgüç – Kunt A，Singer D. Is Small Beautiful? Financial Structure，Size and Access to Finance [J]. World Development，2013，52：19 – 33.

　[113] 林毅夫，姜烨. 经济结构、银行业结构与经济发展——基于分省面板数据的实证分析 [J]. 金融研究，2006 (1)：7 – 22.

　[114] 范方志，张立军. 中国地区金融结构转变与产业结构升级研究 [J]. 金融研究，2003 (11)：36 – 48.

　[115] 李健. 论中国金融发展中的结构制约 [J]. 财贸经济，2003 (8)：54 – 59.

　[116] 应展宇. 中美金融市场结构比较：基于功能和演进的多维考察 [J]. 国际金融研究，2010 (9)：87 – 96.

　[117] 刘小玄，周晓艳. 金融资源与实体经济之间配置关系的检验——兼论经济结构失衡的原因 [J]. 金融研究，2011 (2)：57 – 70.

　[118] 殷剑峰. 不对称市场信息环境下的金融结构与经济增长 [J]. 世界经济，2004 (2)：35 – 46.

　[119] 孙杰. 发达国家和发展中国家的金融结构、资本结构和经济增长 [J]. 金融研究，2002 (10)：14 – 24.

　[120] 李健，范祚军. 经济结构调整与金融结构互动：粤鄂桂三省（区）例证 [J]. 改革，2012 (6)：42 – 54.

　[121] 李健，范祚军，谢巧燕. 差异性金融结构"互嵌"式"耦合"效应——基于泛北部湾区域金融合作的实证 [J]. 经济研究，2012 (12)：62 – 82.

［122］白钦先，谭庆华. 论金融功能演进与金融发展［J］. 金融研究，2006（7）：41－52.

［123］Calomiris C W. An Incentive－Robust Programme for Financial Reform［J］. The Manchester School，2011（9）：39－72.

［124］云鹤，胡剑锋，吕品. 金融效率与经济增长［J］. 经济学（季刊），2012（1）：595－612.

［125］江春，苏志伟. 金融发展如何促进经济增长——一个文献综述［J］. 金融研究，2013（9）：110－122.

［126］应寅锋. 金融结构对金融稳定的作用机理：功能观的分析视角［J］. 经济理论与经济管理，2009（8）：44－51.

［127］林毅夫，章奇，刘明兴. 金融结构与经济增长：以制造业为例［J］. 世界经济，2003（1）：4－23.

［128］La Porta R，Lopez-de－Silanes F，Shleifer A，et al. Legal determinants of external finance［J］. Journal of Finance，1997，52：1131－1150.

［129］Coffee J. Do Norms Matter? A Cross-country Examination of Private Benefits of Control［R］. Columbia University Law School Working Paper，2001.

［130］Stulz W. Culture，openness and Finance［J］. Journal of Financial Economics，2003，70（3）：313－349.

［131］Schumpeter J A. The Theory of Economic Development：An Inquiry into Profits，Capital，Credit，Interest and the Business Cycle［M］. Cambridge：Harvard University Press，1912：30－47.

［132］Coekburn I M，Henderson R M. Scale and scope in drug development：unpacking the advantages of size in pharmaceutical research［J］. Journal of Health Economics，2001，20（6）：1033－1057.

［133］Kim J，Lee S J，Marschke G. Relation of firm size to R&D productivity［J］. International Journal of Business and Economics，2009，8（1）：7－19.

［134］Revilla A J，Fernandez Z. The relation between firm size and R&D productivity in different technological regimes［J］. Technovation，2012，32（1）：609－623.

［135］Ciftci M，Cready W M. Scale effects of R&D as reflected in earnings and returns ［J］. Journal of Accounting and Economics, 2011, 52 (1): 62 - 80.

［136］ Coad A, Rao R. Firm growth and R&D expenditure ［J］. Economics of Innovation and New Technology, 2010, 19 (2): 127 - 145.

［137］ 罗绍德, 刘春光. 企业 R&D 投入活动的影响因素分析——基于企业财务资源观 ［J］. 财经理论与实践, 2009, 30 (1): 56 - 60.

［138］ Tribo J A, Berrone P, Surroca J. Do the type and number of block-holders influence R&D investments? new evidence from Spain ［J］. Corporate Governance: An International Review, 2007, 15 (5): 828 - 842.

［139］ Zeng T. Lin H C. Ownership structure and R&D spending: evidence from China's listed firms ［J］. Chinese Management Studies, 2011, 5 (1): 82 - 93.

［140］ 冯根福, 温军. 中国上市公司治理与企业技术创新关系的实证分析 ［J］. 中国工业经济, 2008 (7): 91 - 101.

［141］ Abdelmoula M, Etienne J M. Determination of R&D investment in French firms: a two-part hierarchical model with correlated random effects ［J］. Economics of Innovation and New Technology, 2010, 19 (1): 53 - 70.

［142］ Lee C Y. A simple theory and evidence on the determinants of firm R&D ［J］. Economics of Innovation and New Technology, 2003, 12 (5): 385 - 395.

［143］ Blundell R, Griffith R, Van Reenen J. Market share, market value and innovation in a panel of British manufacturing firms ［J］. The Review of Economic Studies, 1999, 66 (3): 529 - 554.

［144］ Hoppe H C, Lee I H. Entry deterrence and innovation in durable-goods monopoly ［J］. European Economic Review, 2003, 47 (6): 1011 - 1036.

［145］ Lee C Y, Noh J. The relationship between R&D concentration and industry R&D intensity: a simple model and some evidence ［J］. Economics of Innovation and New Technology, 2009, 18 (4): 353 - 368.

［146］ 杨伟. 国外创新融资约束的文献评述及启示 ［J］. 科技管理研究, 2012, (1): 15 - 18.

［147］ Bhagat S, Welch I. Corporate research and development investments:

International comparisons [J]. Journal of Accounting and Economics, 1995 (19): 443 – 470.

[148] 扈文秀, 孙伟, 柯峰伟. 融资约束对创新项目投资决策的影响研究 [J]. 科学学与科学技术管理, 2009 (3): 81 – 88.

[149] Mohnen P, Therrien P. Comparing the innovation performance of Canadian firms and those of selected European countries: An econometric analysis [R]. CIRANO: Scientific Series, 2002.

[150] Siong H L, Nirvikar S. Does too much finance harm economic growth? [J]. Journal of Banking & Finance, 2014 (41): 36 – 44.

[151] Thorsten B, Hans D, Christiane K. Is more finance better? Disentangling intermediation and size effects of financial systems [J]. Journal of Financial Stability, 2014 (10): 50 – 64.

[152] 王勋, Johansson. 金融抑制与经济结构转型 [J]. 经济研究, 2013 (1): 54 – 67.

[153] 张晓朴, 朱太辉. 金融体系与实体经济关系的反思 [J]. 国际金融研究, 2014 (3): 43 – 54.

[154] Guariglia A. Internal financial constraints, external financial constraints and investment choice: Evidence from a panel of UK firms [J]. Journal of Banking & Finance, 2008, 32: 1795 – 1809.

[155] Morck R, Yavuz M D, Yeung B. Banking system control, capital allocation, and economy performance [J] Journal of Financial Economics, 2011 (100): 264 – 283.

[156] Lin C, Lin P, Song F. Property rights protection and corporate R&D: Evidence from China [J]. Journal of Development Economics, 2010, 93: 49 – 62.

[157] Demirguc – Kunt A, Levine R. Stock market development and financial intermediaries: stylized facts [J]. The Word Bank Economic Review, 1996, 10 (2): 291 – 321.

[158] Ju J, Wei S – J. When is quality of financial system a source of comparative advantage? [J]. Journal of International Economics, 2011, 84: 178 – 187.

［159］张杰. 中国金融成长的经济分析 ［M］. 北京：中国经济出版社，1994：40 – 66.

［160］陆文喜，李国平. 中国区域金融发展的收敛性分析 ［J］. 数量经济技术经济研究，2004（2）：125 – 128.

［161］金雪军，田霖. 我国区域金融成长差异的态势：1978 – 2003 年 ［J］. 经济理论与经济管理，2004（8）：34 – 42.

［162］赵伟，马瑞永. 中国区域金融发展的收敛性、成因及政策建议 ［J］. 中国软科学，2006（2）：94 – 101.

［163］李敬，徐鲲，杜晓. 区域金融发展的收敛机制与中国区域金融发展差异的变动 ［J］. 中国软科学，2008（11）：96 – 105.

［164］龙超，张金昌. 我国区域金融发展的收敛性差异分析 ［J］. 统计与决策 2010，22：115 – 117.

［165］邓向荣，杨彩丽. 极化理论视角下我国金融发展的区域比较 ［J］. 金融研究，2011（3）：86 – 96.

［166］邓向荣，马彦平，杨彩丽. 金融开放背景下我国区域金融发展的收敛性与差异分析——基于参数和非参数的估计 ［J］. 现代财经，2012（1）：26 – 35.

［167］孙晓羽，支大林. 中国区域金融发展差异的度量及收敛趋势分析 ［J］. 东北师范大学学报（哲学社会科学版），2013（3）：45 – 49.

［168］周迪. 量和质角度的中国金融规模地区差距及分布的动态演进 ［J］. 上海经济研究，2015（1）：19 – 30.

［169］杨胜刚，朱红. 中部塌陷、金融弱化与中部崛起的金融支持 ［J］. 经济研究，2007（5）：55 – 67.

［170］蒋三庚，宋毅成. 金融的空间分布与经济增长 ［J］. 经济学动态，2014（8）：97 – 104.

［171］唐松. 中国金融资源配置与区域经济增长差异——基于东、中、西部空间溢出效应的实证研究 ［J］. 中国软科学，2014（8）：100 – 110.

［172］叶初升. 寻求发展理论的微观基础——兼论发展经济学理论范式的形成 ［J］. 中国社会科学，2005（4）：29 – 40.

［173］Aghion P，Peter H，David M F. The Effect of Financial Development on Convergence： Theory and Evidence ［J］. Quarterly Journal of Economics， 2005， 120： 173 － 222.

［174］ Enrico B， Ugo P， Arcand J L. Too Much Finance？ ［R］. IMF Working Papers， 2012.

［175］ Anselin L， Varga A， Acs Z. Local geographic spillovers between university research and high technology innovations ［J］. Journal of Urban Economics， 1997 （42）： 22 － 448.

［176］ Horst J， P. Unconditional Maximum Likelihood Estimation of Linear and Log － Linear Dynamic Models for Spatial Panels ［J］. Geographical Analysis， 2005， 37 （1）： 85 － 106.

［177］ 李婧，谭清美，白俊红. 中国区域创新生产的空间计量分析 ［J］. 管理世界， 2010 （7）： 43 － 55.

［178］ Hsiao C， Pesaran M H， Tahmiscioglu A K. Maximum Likelihood Estimation of Fixed Effects Dynamic Panel Data Models Covering Short Time Periods ［J］. Journal of Econometrics， 2002， 109： 107 － 150.

［179］ Nerlove M， Balestra P. Formulation and Estimation of Econometric Models for Panel Data： The Econometrics of Panel Data ［J］. Advanced Studies in Theoretical and Applied Econometrics， 1996， 33： 3 － 22.

［180］ Fried H O， Lovell C A K， Schmidt S S， et al. Accounting for Environmental Effect and Statistical Noise in Data Envelopment Analysis ［J］. Journal of productivity Analysis， 2002， 17 （1）： 157 － 174.

［181］ Čihák M， Demirgüč － Kunt A， Feyen E， et al. Financial Development in 205 Economies， 1960 to 2010 ［R］. National Bureau of Economic Research： Massachusetts Avenue， 2013.

［182］ 李苍舒. 我国金融业效率的测度及对应分析 ［J］. 统计研究， 2014， 31 （1）： 91 － 97.

［183］ 金春雨，韩哲，张浩博. 我国区域金融业全要素生产率的追赶效应与增长效应分析 ［J］. 统计与决策， 2013 （3）： 162 － 167.

［184］ 李双杰，王林，范超. 统一分布假设的随机前沿分析模型 ［J］. 数量经济技术经济研究， 2007， 24 （4）： 84 － 92.

［185］张军，金煜.中国的金融深化和生产率关系的再检测［J］.经济研究，2005（11）：34－45.

［186］陆岷峰.金融支持我国实体经济发展的有效性分析［J］.财经科学，2013（6）：1－9.

［187］张杰，李勇，刘志彪.出口促进中国企业生产率提高吗？——来自中国本土制造业企业的经验证据：1999～2003［J］.管理世界，2009（12）：11－26.

［188］Greene W H. Economics Econometric Analysis 5th Edition［M］.US：Pearson Prentice Hall，New York University，2003：469－487.

［189］Heckman J. Sample selection bias as a specification error［J］.Econometrica，1979，（1）：153－161.

［190］Hanh P T H. Financial Development，Financial Openness and Trade Openness：New evidence［M］.CARE－EMR：University of Rouen，France，2010：73－75.

［191］张成思，朱越腾，芦哲.对外开放对金融发展的抑制效应之谜［J］.金融研究，2013（6）：16－30.

［192］Hansen B E. Threshold effects in non-dynamic panels：Estimation，testing，and inference［J］.Journal of Econometrics，1999，93（4）：345－368.

［193］赵伟，韩媛媛，赵金亮.异质性、出口与中国企业技术创新［J］.经济理论与经济管理，2012（4）：5－15.

［194］王华，赖明勇，柒江艺.国际技术转移、异质性与中国企业技术创新研究［J］.管理世界，2010（12）：131－142.

［195］沈红波，寇宏，张川.金融发展、融资约束与企业投资的实证研究［J］.中国工业经济，2010（6）：55－64.

［196］梁琪，陈文哲.边际债务效用与区域金融发展度量［J］.国际金融研究，2014（4）：70－85.

［197］Yeh C C，Huang H C R，Lin P C. Financial Structure on Growth and Volatility［J］.Economic Modelling，2013，35：391－400.

［198］Bena J，Ondko P. Financial development and the allocation of external finance［J］.Journal of Empirical Finance，2012（19）：1－25.